企业高技能人才职业培训系列教材

城轨电动列车检修工（五级）

CHENGGUIDIANDONG LIECHE JIANXIUGONG

编审委员会

主　　任　张　岚　魏丽君

副 主 任　叶华平　杜晓红

委　　员　顾卫东　葛恒双　孙兴旺　张　伟　李　晔　刘汉成

执行委员　李　晔　瞿伟洁　夏　莹　林　宏　李　缨　王炜民

主　　编　刘俊艳

编　　者　刘俊艳　孙沪澄

主　　审　周　炯

中国劳动社会保障出版社

图书在版编目(CIP)数据

城轨电动列车检修工．五级／人力资源社会保障部教材办公室等组织编写．-- 北京：中国劳动社会保障出版社，2019

企业高技能人才职业培训系列教材

ISBN 978-7-5167-3982-2

Ⅰ.①城…　Ⅱ.①人…　Ⅲ.①城市铁路-电力动车-维修-职业培训-教材　Ⅳ.①U266.2

中国版本图书馆 CIP 数据核字(2019)第 111378 号

中国劳动社会保障出版社出版发行

(北京市惠新东街 1 号　邮政编码：100029)

*

三河市华骏印务包装有限公司印刷装订　新华书店经销

787 毫米×1092 毫米　16 开本　12.25 印张　207 千字

2019 年 7 月第 1 版　2019 年 7 月第 1 次印刷

定价：34.00 元

读者服务部电话：(010) 64929211/84209101/64921644

营销中心电话：(010) 64962347

出版社网址：http://www.class.com.cn

内容简介

本教材由人力资源社会保障部教材办公室、中国就业培训技术指导中心上海分中心、上海市职业技能鉴定中心、上海申通地铁集团有限公司轨道交通培训中心依据城轨电动列车检修工（五级）职业技能鉴定细目组织编写。教材从强化培养操作技能，掌握实用技术的角度出发，较好地体现了当前最新的实用知识与操作技术，对于提高从业人员基本素质、掌握城轨电动列车检修工（五级）的核心知识与技能有直接的帮助和指导作用。

本教材既注重理论知识的掌握，又突出操作技能的培养，实现了培训教育与职业技能鉴定考核的有效对接，形成一套完整的城轨电动列车检修工培训体系。本教材内容共分为3章，主要包括电动列车机械系统、电动列车牵引系统、电动列车辅助系统等。

本教材可作为城轨电动列车检修工（五级）职业技能培训与鉴定考核教材，也可供本职业从业人员培训使用，全国中、高等职业技术院校相关专业师生也可以参考使用。

前言

企业技能人才是我国人才队伍的重要组成部分，是推动经济社会发展的重要力量。加强企业技能人才队伍建设，是增强企业核心竞争力、推动产业转型升级和提升企业创新能力的内在要求，是加快经济发展方式转变、促进产业结构调整的有效手段，是劳动者实现素质就业、稳定就业、体面就业的重要途径，也是深入实施人才强国战略和科教兴国战略、建设人力资源强国的重要内容。

国务院办公厅在《关于加强企业技能人才队伍建设的意见》中指出，当前和今后一个时期，企业技能人才队伍建设的主要任务是：充分发挥企业主体作用，健全企业职工培训制度，完善企业技能人才培养、评价和激励的政策措施，建设技能精湛、素质优良、结构合理的企业技能人才队伍，在企业中初步形成初级、中级、高级技能劳动者队伍梯次发展和比例结构基本合理的格局，使技能人才规模、结构、素质更好地满足产业结构优化升级和企业发展需求。

高技能人才是企业技术工人队伍的核心骨干和优秀代表，在加快产业优化升级、推动技术创新和科技成果转化等方面具有不可替代的重要作用。为促进高技能人才培训、评价、使用、激励等各项工作的开展，上海市人力资源和社会保障局在推进企业高技能人才培训资源优化配置、完善高技能人才考核评价体系等方面做了积极的探索和尝试，积累了丰富而宝贵的经验。企业高技能人才培养的主要目标是三级（高级）、二级（技师）、一级（高级技师）等，考虑到企业高技能人才培养的实际情况，除一部分在岗培养并已达到高技能人才水平外，还有较大一批人员需要从基础技能水平培养起。为此，上海市将企业特有职业的五级（初级）、四级（中级）作为高技能人才培养的基础阶段一并列入企业高技能人才培养评价工作的总体框架内，以此进一步加大企业高技能人才培养工作力度，增强企业高技能人才培养效果，更好地实现高技能人才培养的总体目标。

为配合上海市企业高技能人才培养评价工作的开展，人力资源社会保障部教材办公室、中国就业培训技术指导中心上海分中心、上海市职业技能鉴定中心联合组织有关行业和企业的专家、技术人员，共同编写了企业高技能人才职业培训系列教材。本教材是系列教材中的一种，由上海申通地铁集团有限公司轨道交通培训中心负责具体编写工作。

企业高技能人才职业培训系列教材聘请上海市相关行业和企业的专家参与教材编审工作，以“能力本位”为指导思想，以先进性、实用性、适用性为编写原则，内容涵盖该职业的职业功能、工作内容的技能要求和专业知识要求，并结合企业生产和技能人才培养的实际需求，充分反映了当前从事职业活动所需要的核心知识与技能。教材可为全国其他省、自治区、直辖市开展企业高技能人才培养工作，以及相关职业培训和鉴定考核提供借鉴或参考。

新教材的编写是一项探索性工作，由于时间紧迫，不足之处在所难免，欢迎各使用单位及个人对教材提出宝贵意见和建议，以便教材修订时补充更正。

企业高技能人才职业培训系列教材

编审委员会

目录

第1章　电动列车机械系统

第1章

电动列车机械系统

- 1.1 车体
- 1.2 客室车门
- 1.3 车钩缓冲装置
- 1.4 转向架
- 1.5 机械制动系统
- 1.6 空调系统

城市轨道交通车辆是城市轨道交通系统中最重要的设备，是集机械、电工、电子等技术于一体的综合性机电设备。城市轨道交通车辆作为运载乘客的运输工具，不仅要保证车辆运行的安全、准点、快速，具有良好的牵引、制动性能，还要有良好的乘客服务设施，使乘客感到舒适、方便。城市轨道交通车辆由机械系统、牵引系统、辅助系统三大部分组成，其中机械系统包括车体、客室车门、车钩缓冲装置、转向架、机械制动系统、空调系统。

1.1 车体

学习目标

了解电动列车车体的基本类型和特征

掌握电动列车车体的内部结构和设备布置要求

知识要求

1.1.1 车体的基本类型和特征

车体是指除去转向架后的车辆上部结构，它是城市轨道交通车辆的主体。车体的主要功能是运载乘客，承受和传递载荷，安装传动机构、电气设备和内部设施。城市轨道交通车辆车体结构设计的疲劳寿命一般不小于30年。

1. 车体的基本类型

从功能上而言，车体有三种类型，如图1—1所示。

（1）Tc 车。Tc 车为带司机室、本身无动力牵引装置的拖车，空车自重约 32 t。

（2）Mp 车。Mp 车为不带司机室、本身有动力牵引装置、车顶安装受电弓的动车，空车自重约 38 t。

（3）M 车。M 车为不带司机室、本身有动力牵引装置、但车顶无受电弓的动车，空车自重约 38 t。

图 1—1　六节编组电动列车示意图

2. 车体的特征

城市轨道交通车辆是大城市公共交通或近郊客运所选择的特殊运输工具，因而其车体具有如下特征。

（1）城市轨道交通车辆大多采用三节以上的编组形式，一般为四节、六节或八节编组的电动车组，有头车（即带有司机室的车辆）与中间车或动车与拖车之分。

（2）由于城市轨道交通车辆服务于市内公共交通，在车内的平面布置上座位较少、车门较多且开度大，客室内服务于乘客的设备较简单。

（3）严格限制质量、轴重，以降低高架线路的工程投资。

（4）由于地铁在地下隧道运行，一旦发生火灾后果不堪设想，因此对车体有严格的防火要求。车体内装饰、设备等使用的各种非金属材料都最大限度地采用了防火阻燃、低烟和低毒的材料。

（5）对车体的减噪和隔音有严格要求，以最大限度地降低车辆噪声对乘客和沿线居民的影响。

（6）车体采用轻量化概念设计，故车体承载结构一般采用大型中空截面铝合金挤压型材、高强度复合材料或不锈钢。车体其他辅助设施尽量采用轻型高科技新材料。车体轻量化对降低高架线路的工程投资、降低车辆噪声有重要影响。

（7）由于城市轨道交通车辆服务于市内公共交通，车体的外观造型和色彩必须美观，并与城市景观相协调。

1.1.2　车体的基本结构

车体按结构和功能不同可分为车辆壳体、贯通道、紧急疏散门、车窗、司机室等部分。

1. 车辆壳体

（1）车辆壳体的组成。车辆壳体（见图1—2）主要由底架、侧墙、端墙和车顶四大部件组成。它是从强度上保证乘客安全的主要部件，也是减轻车辆自重的关键部件。一般车辆壳体的质量占车辆自重的20% ~25%。减轻自重不仅可以节约制造材料，而且在相同客流条件下可以降低牵引动力的消耗，并减小车辆走行部和线路的磨耗，延长轮对的使用寿命，从而带来巨大的经济效益。因此，研究车辆壳体的轻量化具有很大的现实意义。

图1—2　车辆壳体

（2）车辆壳体的特点

1）车辆壳体的材料特点。为了进一步实现车体轻量化，近代的高速列车、地铁和轻轨多采用铝合金材料，这是由于铝合金的密度仅约为钢的三分之一，并具有耐腐蚀、容易挤压成型的优点。

不过，铝合金的弹性模量约为钢的三分之一。弹性模量是与材料强度和刚度有关的一个物理量，弹性模量小，材料的强度和刚度则小。因此，在铝合金车辆壳体结构设计中，常采用大型中空截面的铝合金挤压型材，以增大受力构件的弹性模量，弥补铝合金板材弹性模量小的缺陷，满足城市轨道交通车辆的设计规范要求。

使用大型铝合金挤压型材拼焊而成的车辆壳体有以下明显优势。

①铝合金车辆壳体与钢制车辆壳体相比，制造工艺大大简化，焊接工作量减少40%，制造工时减少，生产成本降低。

②铝合金车辆壳体的质量比同体积钢制车辆壳体轻 3 ~ 5 t。自重减轻可减小运行的牵引力、制动力，减小车辆运行的动力、能源消耗，减小车辆对轨道的负荷，延长钢轨的使用寿命，降低钢轨的维修费用。

③铝合金车辆壳体与一般的钢制车辆壳体相比，能充分发挥材料的承载能力，使材料得到更加充分的利用，其强度、刚度更大，经久耐用。

④铝合金车辆壳体与钢制车辆壳体相比，抗腐蚀能力大大提高，检修工作量减少，而且保证车辆壳体在 30 年的使用寿命内无须进行结构性维修和加固。

2）车辆壳体的结构设计特点

①车辆壳体的横断面形状一般类似鼓形，车顶为圆弧状，侧墙内倾 2. 3°，如图 1—3 所示。选取这样的外形，一方面是为了使车辆在圆隧道内获得最大的空间截面积（或称之为充塞比），从而使地铁工程整体的经济性最优；另一方面也提高了车辆在圆隧道内的活塞效应，加强了隧道的自然通风能力。

侧墙内倾 2. 3°也是一个反变形措施。车辆长期运行后，侧墙在车顶重力的作用下会逐渐外胀变形。因此，侧墙内倾 2. 3°能大大减少或消除侧墙外胀的现象。

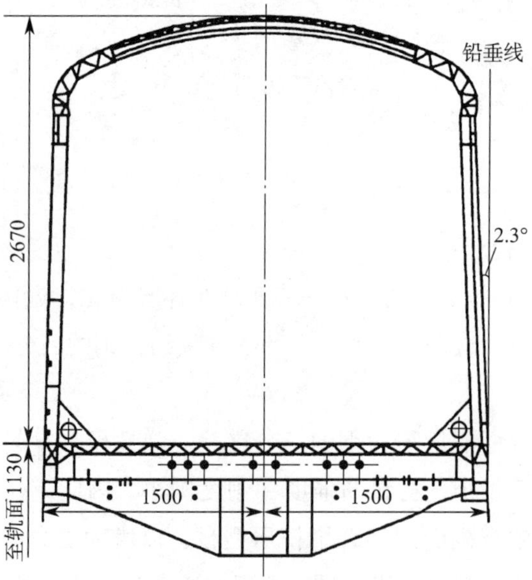

图 1—3　上海轨道交通 1 号线车体横断面

②车辆壳体采用整体承载方式。车辆壳体各部分结构多为铝合金型材，并针对不同部位的受力情况使用不同刚度和强度的中空截面铝合金挤压型材，因此，车辆壳体

各构件的受力状况基本均衡，形成一个类似于“方管”的承载整体。当车辆壳体任一部位受力后，其都能有效地将力传递和均摊到车体的各个部位。当“方管”整体承载时，强度远大于独立的单一薄板承载，因此，整体承载结构与传统的底架承载结构相比，达到了最大限度地减轻自重，最大限度地提高刚度和强度，更加充分地发挥材料承载能力的目的。

③底架设计呈上拱形。在车辆空载时，车辆壳体中央位置最大挠度为10 mm，在满载时底架面保持水平。

④车辆壳体的防撞设计。Tc车底架的前端设有撞击能量吸收区，其上开有椭圆形孔，当车辆受到迎面意外撞击时，它能产生较大的塑性变形，从而吸收纵向冲击能量，起到保护司机、乘客和车辆壳体的作用。Tc车底架防撞设计如图1—4所示。

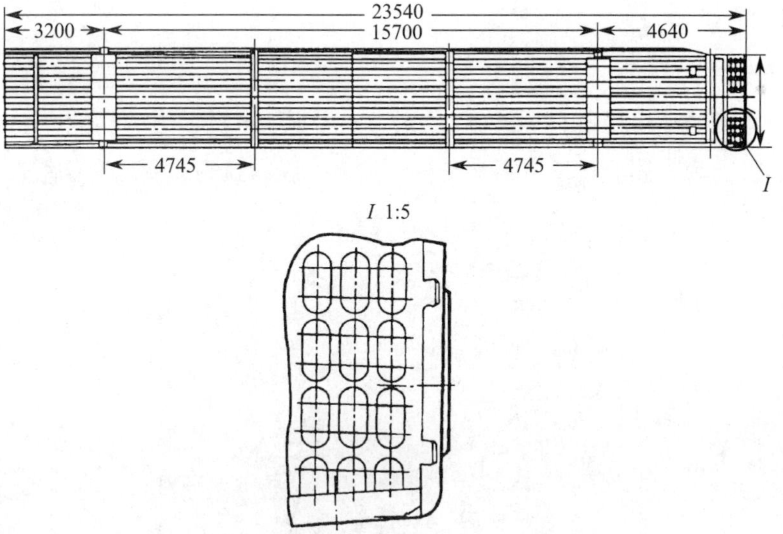

图1—4　Tc车底架防撞设计

⑤车辆壳体端部位于挤压区前部，设有防爬装置，如图1—5所示。防爬装置是由低合金高强度钢制成的，具有多筋式可折弯型结构，可承受垂向力和纵向力。防爬装置不仅可以起到车辆之间防爬的作用，而且具有吸收能量的功能，通过对防爬装置内部剪切部件的破坏实现能量的吸收，起到保护司机、乘客和车体的作用。两车相撞时，若车钩缓冲装置破坏，由于防爬装置突出于车体头部，因此先于车体头部相互接触、撞击，通过防爬装置的相互挤压等阻止了车体的互爬。

图 1—5　防爬装置

2. 贯通道

在两节车辆的连接处设有贯通道，如图 1—6 所示。贯通道的功能主要是将两车体的客室内部贯通为一体。贯通道不承受纵向拉力，纵向拉力主要由车钩缓冲装置承受。

图 1—6　贯通道

（1）贯通道的作用

1）乘客流动。可自动调节车厢内的客流密度。

2）空气流通。当某节车厢的空调发生故障时，在车辆启动和制动时，车厢间的空气通过贯通道可达到流动、调和的作用。

3）安全乘车。当末班车或晚间车厢内乘客较少时，对暴力犯罪有一定的抑制作用；遇到突发情况时，还可有效组织乘客安全疏散。

（2）贯通道的组成。贯通道主要由折篷、护墙板、顶板、过渡板、连接框等组成，如图1—7所示。

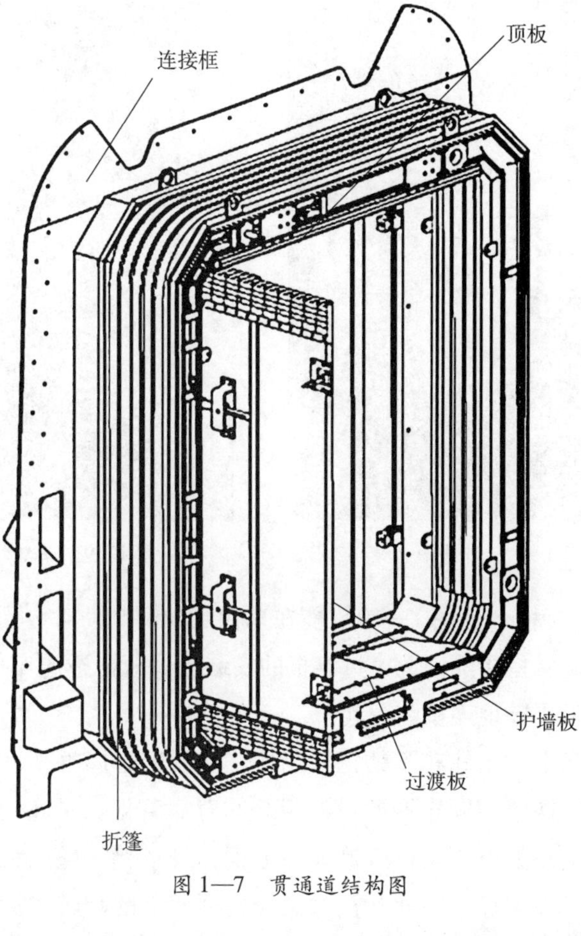

图1—7 贯通道结构图

1）折篷。折篷（见图1—8）用一种带有纤维基底的特殊橡胶制成的材料和钢制框架铆接而成，结构类似手风琴的风箱，可伸缩，实现了两节车厢的柔性连接。折篷结构的两端均有金属框架，一端为固定金属框架，用来实现折篷与车端的连接；另一端为对接金属框架，用来实现折篷与另一车厢折篷的对接。金属框架一般为铝合金或不锈钢材质。

2）护墙板和顶板。护墙板和顶板（见图 1—9）即为贯通道的侧墙和顶板。它的作用是使贯通道更安全、美观，使乘客产生身处客室的感觉，因此，护墙板和顶板选用的颜色与客室内装饰的颜色是一致的。护墙板为橡塑件，形状呈弧形，可防止异物掉入折篷。

图 1—8　折篷

图 1—9　护墙板和顶板

3）过渡板。过渡板（见图 1—10）能在车辆启动和制动时自由地伸缩，在车辆通过曲线时也能自由旋转搭接。因此，过渡板的安装形式既能适应车体的各种运动变化，又能将两车厢的地板平整地连接在一起。

过渡板表面为弧形，由轧花不锈钢板制成。在固定金属框架和对接金属框架上各固定有一组过渡板，两个不同车厢的过渡板之间背靠背地、平整地对接。两个过渡板的相互搭接处均为活动翻板，盖在折篷地板上面，且搭接平整，无高低差。由于相互搭接的接触面之间存在摩擦，因此，在对接金属框架上的翻转过渡板的背面安装塑料磨耗条。

3. 紧急疏散门

车辆在隧道内运行，一旦发生火灾或其他危险性事故时，必须紧急疏散车上的乘

图 1—10　过渡板

客。这时，司机可打开设在两个 Tc 车端的紧急疏散门，引导乘客通过紧急疏散门走向路轨中央，然后向两端的车站疏散。

(1) 坡道式紧急疏散门。上海轨道交通西门子电动列车采用坡道式紧急疏散门，如图 1—11 所示。打开紧急疏散门时必须拉下手柄或使用摇柄才可解锁，一旦门锁开启，车门便能自动倒向路基，形成连接车体地板与地面的坡道。坡道式紧急疏散门的两侧各有一组由数个铝合金杆和气弹簧相互铰接在一起，一头与车端相连，另一头与门板相连的拉杆。由于气弹簧具有缓冲作用，因此紧急疏散门倒下的速度不会过大，可防止车门装置损坏。门两侧的拉杆也是斜桥的栏杆和扶手。门板由铝合金型材制成，表面涂有防滑漆，防止乘客滑倒。

图 1—11　坡道式紧急疏散门

(2) 逃生梯式紧急疏散门。上海轨道交通阿尔斯通电动列车采用逃生梯式紧急疏散门，如图 1—12 所示。在紧急疏散门前的地板上放置一个箱盖，将两个对称的手柄扳到垂直位置即可将箱盖挪开；箱盖下放有折叠扶梯；拉出钢丝绳使门板的下部向上、向外翻转，门板悬空，紧急疏散门打开。打开折叠扶梯，一头放在路轨上，另一头斜靠在车端，即可引导乘客走向路轨中央，然后向两端的车站疏散。

图 1—12　逃生梯式紧急疏散门

逃生梯式紧急疏散门的缺点是开门时间较长，必须将箱盖移开并放置到另一边后，再打开折叠扶梯；占用空间大，而司机室空间较小，在紧急情况下容易使人手忙脚乱；在情况紧急和拥挤慌乱中，乘客容易脚下踩空，摔下扶梯，不利于乘客快速疏散。

4. 车窗

一般在两个客室车门之间或侧墙端部设有车窗，因此，车辆两侧各均匀布置多扇车窗。车窗有以下三种形式。

（1）密闭式车窗。密闭式车窗完全密封，无法打开，如图 1—13 所示。窗玻璃为双层中空玻璃，具有良好的隔热、隔音性能。玻璃周边镶有环形氯丁橡胶条，玻璃借助环形氯丁橡胶条直接嵌入和装在侧墙上，无窗框。

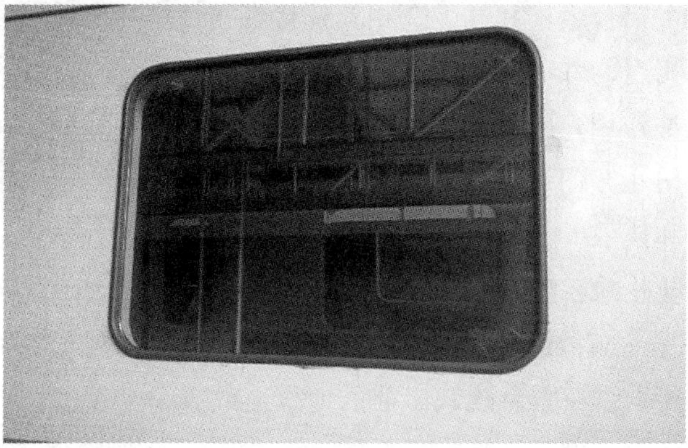

图 1—13　密闭式车窗

（2）应急通风窗。应急通风窗（见图 1—14）采用楣窗结构，分为上、下两个部分，用铰链连接。其中，上部车窗占整个车窗的 1/3，可向内旋转 45°开启，以备通风设备发生故障时进行紧急自然通风；下部车窗固定不动。在窗框的上方安装应急通风窗的锁紧机构，只能由工作人员使用方孔钥匙开启，乘客不得随意操作。应急通风窗采用双层中空玻璃。

上海轨道交通最早引进的电动列车设有应急通风窗，但应急通风窗使用率极低。因为在发生事故时，电动列车空调可由蓄电池供电维持 45 min 紧急通风，所以，上海轨道交通后续引进的电动列车不再设有应急通风窗。

（3）连续式车窗。从车外看连续式车窗（见图 1—15），在两个客室车门之间整个侧墙的上半部均为玻璃，起到装饰车厢外部的作用。除可视部位之外，其他部位的玻

图 1—14　应急通风窗

图 1—15　连续式车窗

璃为黑色；黑色玻璃的内面为铝质窗间板，因此，乘客在车内看到的是内饰板，不能通过此处看到车外，称为盲窗。只有可视部位为双层透明玻璃，能够看到车外。整个车窗玻璃的周边由强力胶牢固地黏结在侧墙内部的型材上，与车辆壳体的外露缝隙用黑色硅胶密封。连续式车窗仅适合于侧墙与车顶有自然缝隙的车型，如模块化设计的车型。

5. 司机室

司机室内设备布置不同，车型略有差异，但基本结构相同，一般由驾驶台、侧门、紧急疏散门、通道门、座椅、电器控制柜等组成。司机室正面和背面示意图分别如图1—16、图1—17所示。

驾驶台位于司机室前方的右侧，驾驶台上设有牵引和制动控制手柄、仪表、指示灯、按钮、显示屏等。司机室的左、右两侧墙设有侧门，一般为滑动门，便于司机登车及进行开关门作业时出、入司机室监护站台安全。司机室侧墙上的设备主要有客室车门开关按钮、刮水器开关、紧急制动按钮等。司机室前端设有紧急疏散门，司机室与客室之间隔墙的正中央设有通道门，因此，在通道门至紧急疏散门之间无任何路障，以备紧急情况时作为乘客疏散的通道。通道门的两侧安装电器控制柜。驾驶台的正前方安装一块约12 mm厚的风窗玻璃，玻璃内预设电加热丝，在冬季可进行加热除霜；在风窗玻璃外侧安装一套气动或电动刮水器。司机室的座椅是按人体工程学原理进行设

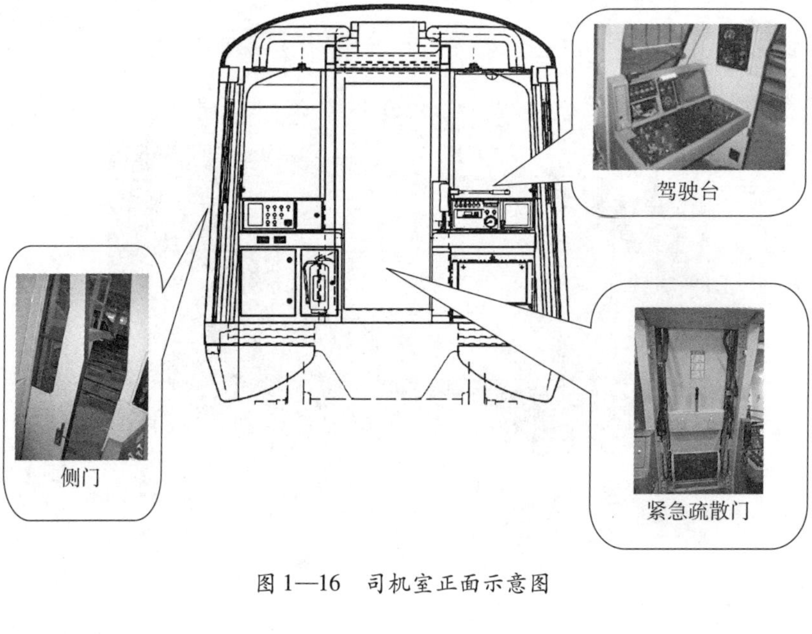

图1—16　司机室正面示意图

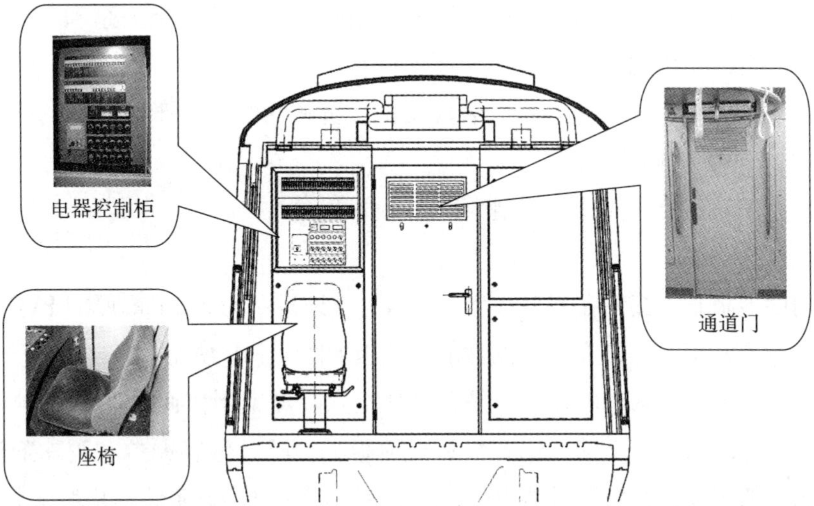

图1—17　司机室背面示意图

计的，座椅设有中心弹簧和液压减振器，形状及硬度符合人体工程学。座椅可前后移动，调整范围为80 mm。座椅靠背的倾斜角度可以根据司机需要进行调整，满足司机乘坐的舒适性。

1.1.3　车体的内装饰和设备

车体的内装饰和设备一般是指车辆壳体以内到内墙板、内顶板及地板布的各部件，如图1—18所示。它不仅要求具有良好的隔音、隔热性能，而且要求内装饰表面美观、色彩新颖，为乘客创造舒适、温馨的乘车环境。另外，内装饰均选用阻燃、少烟和低

图1—18　车体内装饰和设备

毒材料，以保证乘客安全。内装饰设计要考虑与车辆壳体的连接关系和车内设备的安装方式，并进行总体优化。

车体内装饰的特点是颜色素雅、装修简洁、宽敞明亮。由于内饰板均嵌入固定框架内，因此，车内基本无明钉。

下面以上海轨道交通西门子车型为例进行介绍。

1. 地板

客室内的地板布直接粘在铝合金型材地板上。地板布为2.5 mm厚的PVC（聚氯乙烯）材料，具有耐磨、阻燃和防滑的性能。地板如图1—19所示。

上海轨道交通电动列车的地板布是在车体上直接加工制作而成的。将PVC塑料颗粒和胶黏剂搅拌均匀后，平铺在铝合金型材地板上，PVC塑料颗粒和胶黏剂逐渐融为一体并牢固地覆盖在铝合金型材地板上，之后使用专用打磨设备将地板磨平。

图1—19　地板

2. 侧墙内饰板

客室侧墙内饰板采用涂有三聚氰胺树脂的层压板或铝合金板。每两个客室车门之间的侧墙内饰板为一个整体，因此，全车共有12块侧墙内饰板。侧墙内饰板的两侧嵌入客室门框内，与客室门框成为一个整体，其上部和门框通过角形吊铁和螺栓与车顶固定在一起。客室门框的底部固定在地板上。由于每块侧墙内饰板处放置一个长客室座椅，客室座椅的靠背高度与窗台等高，即侧墙内饰板在窗台以下部分全部被客室座椅遮住，因此，在设计上侧墙内饰板无窗下部分。车辆壳体在窗下侧墙部分的内壁结构上有用来固定侧墙内饰板下边的水平角铁，这样侧墙内饰板的四周全部被牢固固定。

被客室座椅遮住的窗下侧墙内壁铺有用铝箔包裹、密封的阻燃玻璃丝棉。由于窗下侧墙内壁焊有钉子，将玻璃丝棉穿在钉子上后，再将薄铁片穿在钉子上，薄铁片就将玻璃丝棉紧紧压住并固定。玻璃丝棉有隔热、隔音的作用。

侧墙内饰板在窗间壁处没有铺玻璃丝棉，与车辆壳体存在一定间距并形成一个空间。这样，车内的空气通过客室座椅下的通风板孔流至窗间壁与车辆壳体的空间，再经车顶与天花板的空间流入空调进风口或车顶通风器，最终通往外界空间，与外界空气形成自然交换，如图 1—20 所示。

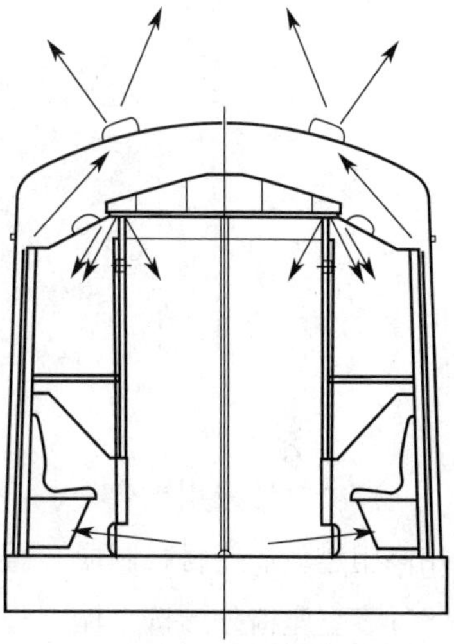

图 1—20　客室通风

每两个客室车门之间有一个客室窗户，有的窗框与侧墙内饰板为一个整体；有的窗框为独立的，用螺钉与侧墙内饰板固定在一起。

3. 天花板

天花板从车厢横截面上看由平板、空调通风板和弧形翻板三部分组成。

中间为平板，材质为涂有三聚氰胺树脂的装饰层压板或铝合金板。平板上部有空调风道。平板两侧为多孔的空调通风板，材质为铝合金板。空调通风板外侧，即天花板最外侧为弧形翻板，材质为铝合金板。

各板相邻处均有一条与车体等长的装饰条，共有四条。天花板上各板均嵌入这个装饰条后被固定。弧形翻板的转轴也安装在装饰条上。天花板上每侧两条装饰条形成一个框架，这个框架通过吊铁和螺栓与车顶固定在一起。因此，天花板通过装饰条和吊铁与车顶固定在一起。

弧形翻板上安装客室照明灯和灯格栅。翻板的开闭需要使用方孔钥匙控制，便于客室车门等零部件的检修和安装。

车顶与天花板之间的空间被两个隔板等分为三个部分。车体前后的两个空间为回风的空间和通道，中间部分为通过车顶通风器与外界空气形成自然交换的空间和通道。

4. 客室座椅

为了适应城市轨道交通车辆短途、大运量的特点，客室座椅（见图 1—21）采用靠侧墙纵向布置的方式，在相邻两车门之间设置一长条座椅，车厢的两端可以设置短座椅，也可以设置轮椅停放位。

图 1—21　客室座椅

座椅框架采用铝合金、不锈钢或耐腐蚀钢制造，靠背固定在侧墙上。座椅整体采用高阻燃玻璃钢材料制成，通过橡胶垫减振，固定在框架上。

客室座椅外形按人体工程学设计，长条座椅两端设安全挡板。每个座椅应能承受 100 kg 的质量。从运营安全角度考虑，座椅下方可安装空气弹簧附加气室（储气缸）、气制动截止塞门、受电弓升弓脚踏泵（仅 Mp 车配备）、电加热器、灭火器等。

5. 立柱和扶手

为了方便站立乘客，在客室内设有立柱及纵向扶手。在每节车厢的纵向中心线处，均匀设置了多根立柱。立柱上端穿过天花板并与天花板吊架支座套接，下端与地板支座用螺纹法兰盘固定。在座椅的安全挡板处也设有立柱以方便站立在车门区的乘客。同时，在这些立柱上还装有纵向水平扶手。立柱与纵向水平扶手均采用铝合金圆管型材，外表面进行阳极氧化处理。立柱、扶手的直径一般为 40 mm。

1.2　客室车门

学习目标

了解电动列车客室车门的基本结构

掌握电动列车客室车门中电动门和气动门的基本特性

知识要求

1.2.1 客室车门的类型和特征

1. 客室车门的类型

（1）按驱动方式分类。城市轨道交通车辆的客室车门按驱动方式不同可分为气动门和电动门两种。车门驱动系统的动力来源如果是驱动气缸，则称为气动式车门（简称气动门）；如果是直流或交流电动机，则称为电动式车门（简称电动门）。

1）气动门。气动门通过气缸进行驱动，通过钢丝绳与滑轮进行传动，主要由钢丝绳、绳轮、左门驱动架、右门钢丝绳架组成。

2）电动门。电动门通过电动机进行驱动，通过丝杆进行传动，主要由丝杆、左右螺母组件组成。

（2）按车门的运动轨迹及在车体上的安装方式分类。城市轨道交通车辆的客室车门按车门的运动轨迹及在车体上的安装方式不同可分为内藏门、塞拉门、外挂门三种。

1）内藏门。内藏门（见图1—22）又称内藏对开式双滑门，在车门开、关时，车门在车辆侧墙的外墙板与内饰板之间的夹层内移动。传动系统设于车厢内侧车门的顶部，

图1—22 内藏门

装有导轮的车门可在导轨上移动，传动机构的钢丝绳或丝杠与车门相连接，气缸或电动机驱动传动机构，从而实现车门的往复开、关动作。

2）塞拉门。塞拉门（见图1—23）在开启状态时，车门贴靠在侧墙的外侧；在关闭状态时，车门外表面与车体外墙呈一平面。这不仅使车辆外表美观，而且也有利于在高速行驶时减小空气阻力，车门不会因空气涡流产生噪声，也便于自动洗车装置对车体进行清洗。塞拉门的开、关动作是借助车门上方安装的悬挂机构和导轨起导向作用的，由电动机驱动机械传动机构，使车门沿着导轨滑移。

3）外挂门。外挂门（见图1—24）又称外挂式移门，与内藏门的主要区别在于车门和悬挂机构始终位于侧墙的外侧，外挂门传动机构的工作原理与内藏门完全相同。

图1—23　塞拉门

图1—24　外挂门

2. 客室车门的特征

城市轨道交通车辆的客室车门结构多种多样，但无论结构如何变化，都应满足城市轨道交通的特殊性。客室车门应具有以下特征。

（1）应有足够的有效宽度。

（2）车门应均匀分布，以方便乘客上、下车。

（3）应有足够数量的车门，以使乘客上、下车时间满足运行密度的要求。

（4）车门附近应有足够的空间，方便乘客上、下车时周转。

（5）应确保乘客的安全。

（6）应具有较高的可靠性。

1.2.2 客室车门的基本结构

1. 内藏门

上海轨道交通车辆客室车门多采用内藏门，根据驱动方式不同有气动式内藏门和电动式内藏门两种类型。

气动式内藏门由驱动气缸、门控电磁阀、机械传动系统、限位开关、门叶等组成，如图1—25所示。压缩空气经过门控电磁阀的控制驱动气缸活塞，再由活塞杆带动由钢丝绳、绳轮、防跳轮、滚轮和导轨等组成的机械传动系统使两门叶同步反向移动，完成车门的开、关动作。

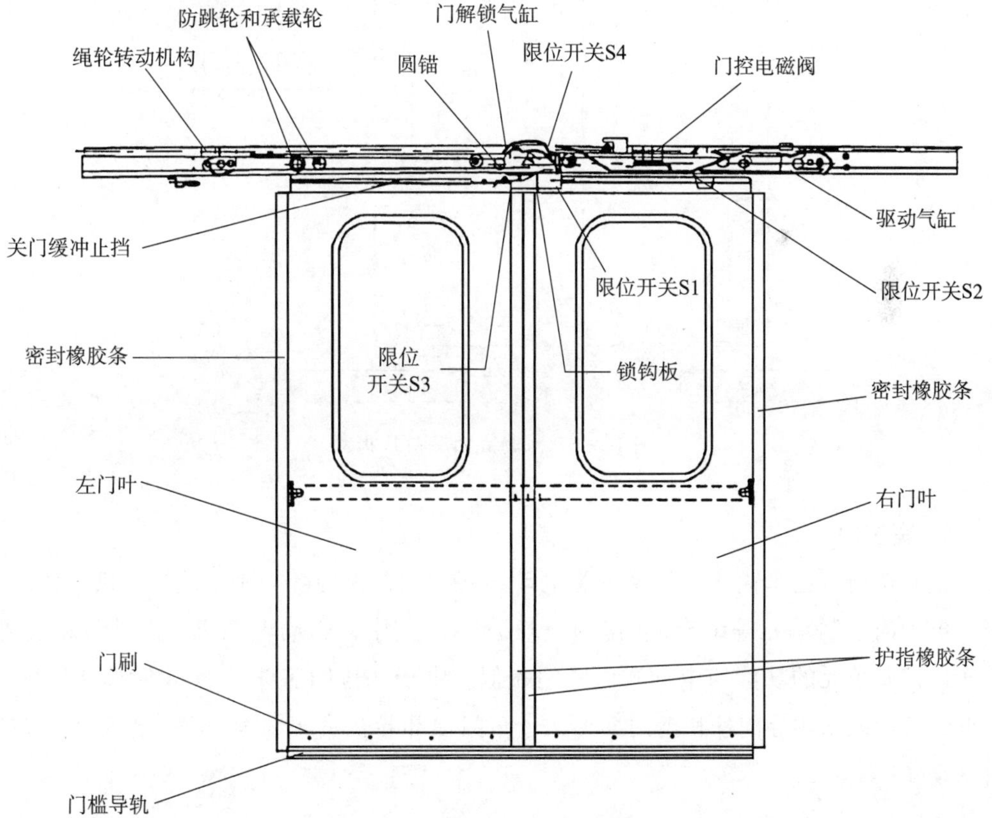

图1—25　气动式内藏门结构图

电动式内藏门由驱动电动机、丝杆传动机构、承载驱动机构、电子门控制单元（EDCU）、门叶等组成，如图 1—26 所示。在电子门控制单元控制下，驱动电动机带动丝杆转动，并驱动两门叶沿承载导轨反向移动，完成车门的开、关动作。

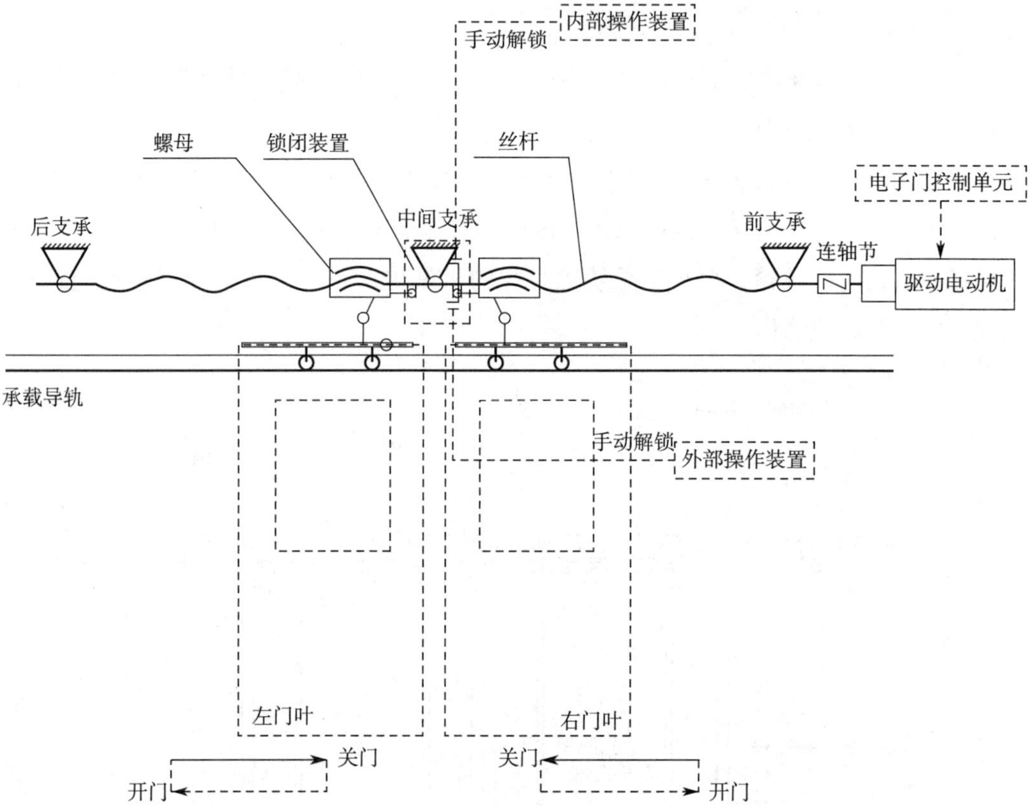

图 1—26　电动式内藏门结构图

2. 塞拉门

上海轨道交通车辆塞拉门系统为电动式塞拉门，由门叶、驱动装置、机械传动装置、电子门控制单元等组成，如图 1—27 所示。其中，驱动电动机、机械传动装置、电子门控制单元的功能与电动式内藏门相似。由于塞拉门工作状态与内藏门有差异，因此，门承载采用导向杆和携门架形式，车门顶部导轨及底部滚轮摆臂保证了塞拉门外摆动作。

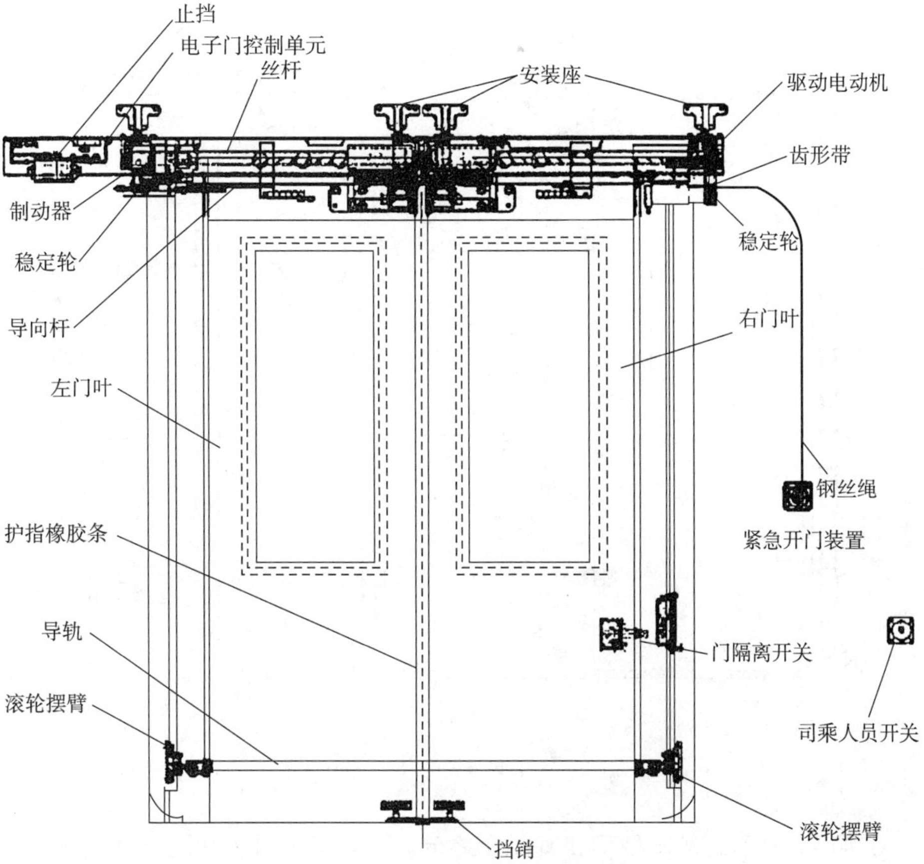

图 1—27　电动式塞拉门结构图

3. 外挂门

上海轨道交通车辆外挂门系统为电动式外挂门，其整体结构与电动式内藏门相似，由驱动电动机、悬挂装置、丝杆传动机构、电子门控制单元、门叶等组成，如图 1—28 所示。门叶、悬挂装置及丝杆传动机构的部分部件安装于车体侧墙外侧，电子门控制单元和驱动电动机安装于车体侧墙的内侧。为调整门叶相对于车体的平行度，外挂门的门叶安装采用简单的“螺栓与螺母”装置，即门叶直接用螺栓和螺母固定在滑块上。

1.2.3　客室车门的主要技术参数

1. 车门净开度

车门净开度是指车门在完全开启状态下，两扇门叶之间供乘客出入车厢的宽度。车门净开度是反映车门通行功能的一项重要指标。

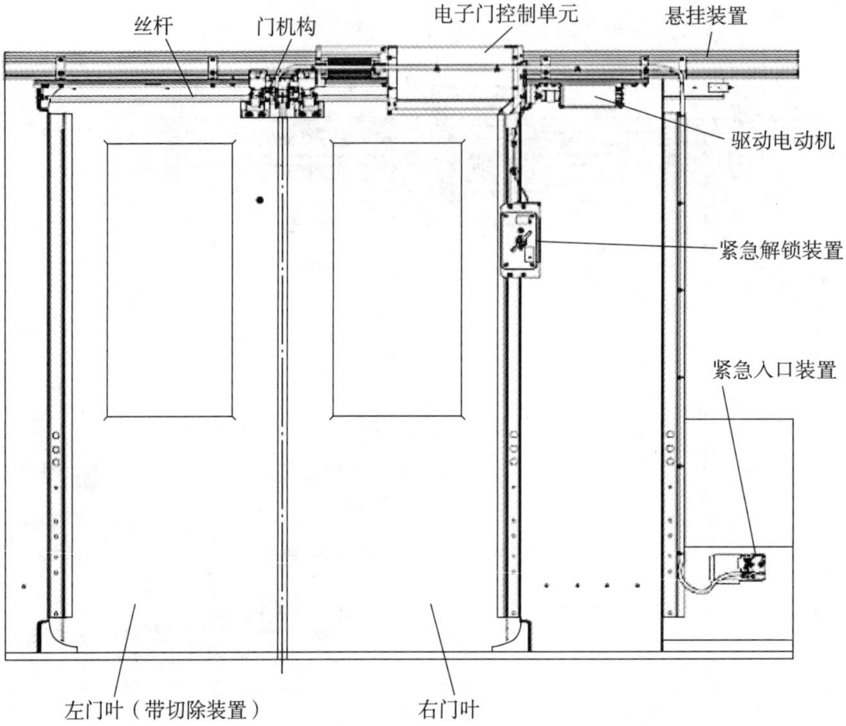

图 1—28　电动式外挂门结构图

上海轨道交通车辆有 A 型车和 C 型车之分，两者的车门净开度有所不同。A 型车的车门净开度为 1 400 mm，C 型车的车门净开度为 1 300 mm。

2. 开、关门时间

开门时间是指客室车门从完全关闭状态到完全开启状态所需的时间，而关门时间是指客室车门在蜂鸣器报警后从完全开启状态到完全关闭状态所需的时间。开、关门时间是可调节的，可根据不同的运营需求而定。其中，气动式内藏门的开、关门时间为（2 ±0.5）s，电动式塞拉门和电动式外挂门开、关门时间为（3 ±0.5）s。

3. 气动门压缩空气压力

气动门压缩空气压力是驱动气动门工作的重要指标。气动式内藏门使用的压缩空气由车底的车门风缸提供，经减压阀降压为 0.4 ~0.5 MPa 的工作压力，再带动车门驱动气缸工作。

4. 电动门电源电压

电动式车门的驱动装置一般为直流驱动电动机，电源电压为 DC110 V。

5. 关门夹紧力

关门夹紧力是指车门在关闭过程中的关门作用力。为了保证乘车安全，关门夹紧力一般不小于 150 N。当关门过程碰到障碍物受阻时，关门夹紧力会逐渐增大，为避免夹伤乘客，最大关门夹紧力一般不大于 300 N。

6. 车门障碍物检测

当车门在关门过程中遇到障碍物时，驱动装置会停止施加关门力矩，转而施加开门力矩，门叶会适当打开，随后驱动装置再次施加关门力矩尝试再次关门。车门日常维护中，可使用障碍物测试块来人为触发车门障碍物检测功能。障碍物测试块截面尺寸一般为 30 mm × 60 mm。

客室车门的主要技术参数见表 1—1。

表 1—1　　客室车门的主要技术参数

技术参数	气动式内藏门	电动式内藏门	电动式塞拉门	电动式外挂门	C 型车电动门
车门净开度（mm）	1 400 ± 4	1 400 ± 4	1 400 ± 15	1 400 ± 10	$1\ 300^{+15}_{-10}$
开、关门时间（s）	2 ± 0.5	3 ± 0.5	3 ± 0.5	3 ± 0.5	3 ± 0.5
压缩空气压力（MPa）	0.4 ~ 0.5	—			
电源电压（V）	—	DC（0.7 ~ 1.25）× 110			
关门夹紧力（N）	150 ~ 200	150 ~ 300			
障碍物测试块截面尺寸（mm × mm）	—	30 × 60			

技能要求

客室车门净开度的调整

操作要求

1. 按要求测量客室车门净开度。
2. 选用合适的工具调整车门净开度到正常状态，且不影响其他系统的正常功能。
3. 作业结束，整理工器具并清场。
4. 所有作业必须严格按照实训安全规范操作。

操作步骤

一、气动式内藏门

步骤 1　检查车门净开度。

（1）用紧急拉手将车门完全打开。

（2）在门叶距地板表面 1 m 高的位置用钢卷尺测量两门叶密封条之间的距离，其测量值应满足（1 400 ±4）mm 的尺寸要求，如图 1—29、图 1—30 所示，如果不满足尺寸要求则需要调整。

图 1—29　采用紧急拉手开门

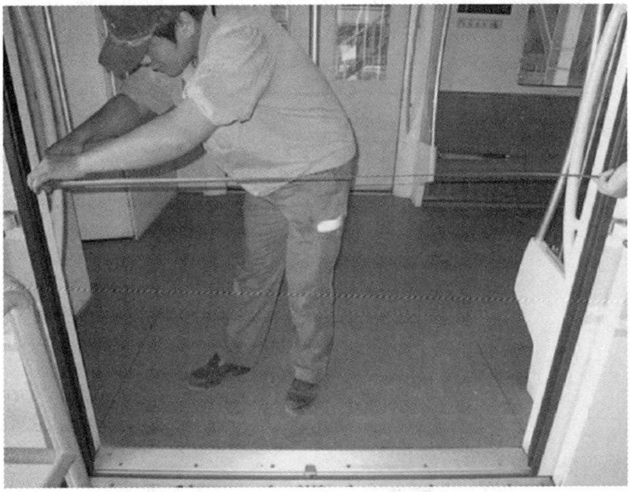

图 1—30　测量车门净开度

步骤 2　调整车门净开度。

（1）将车门开到半开位，用 13 mm 加套筒棘轮扳手拧松车门上导轨左侧开门橡胶止挡的 M8 紧固螺母，如图 1—31 所示。

图 1—31　拧松开门橡胶止挡的 M8 紧固螺母

（2）旋转开门橡胶止挡来调节其横向位移，并反复测量车门净开度，直至尺寸满足要求。

（3）调整到位后，锁紧 M8 紧固螺母，涂螺纹胶后锁住。

（4）用记号笔在紧固螺母上重新做防松标记。

步骤 3　整理工器具并清场，操作完成。

二、电动式塞拉门

步骤 1　检查车门净开度。

（1）用紧急拉手或缓解电磁闸的方法将车门完全打开。

（2）在门叶底部用钢卷尺测量两门叶密封条之间的距离，其测量值应满足（1 400 ± 15）mm 的尺寸要求，如图 1—32、图 1—33 所示，如不合格，则需要调整。

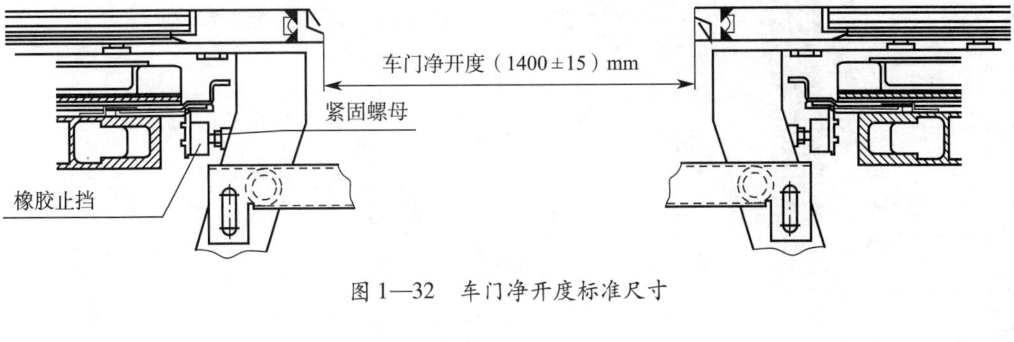

图 1—32　车门净开度标准尺寸

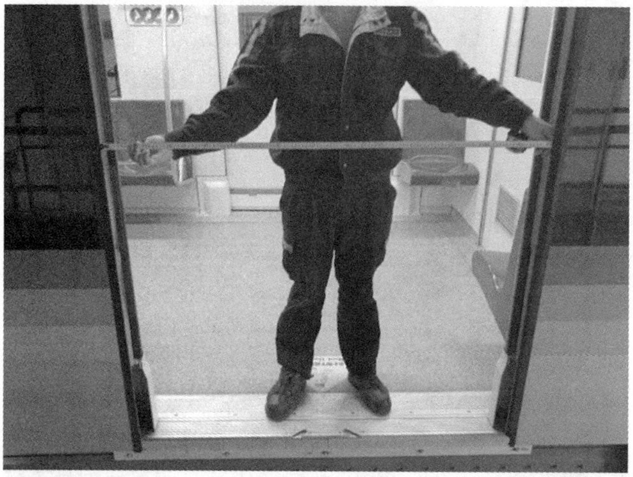

图 1—33　测量车门净开度

步骤 2　调整车门净开度。

（1）用开口扳手拧松车门携门架上的开门橡胶止挡的紧固螺母，如图 1—34 所示，然后通过旋转带螺纹的橡胶止挡来调节其横向位移，如图 1—35 所示，直至尺寸满足要求。

注意：在调节过程中，两个携门架上的橡胶止挡要同时横向移动相等的距离。

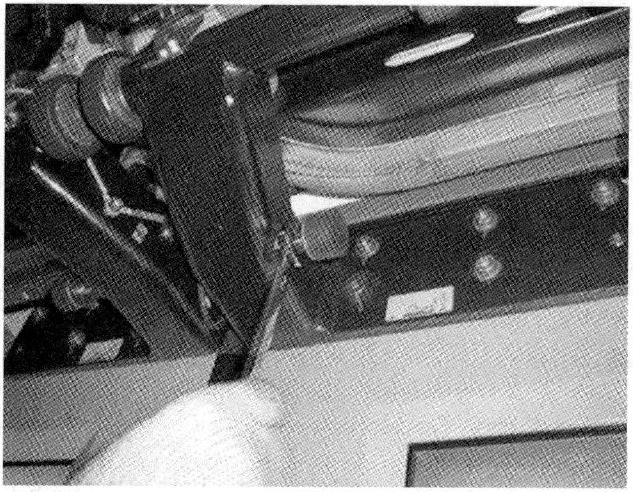

图 1—34　拧松开门橡胶止挡的紧固螺母

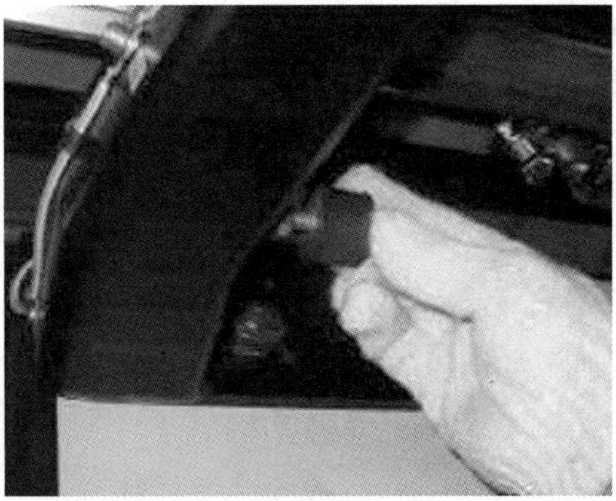

图 1—35　调节开门止挡位置

（2）调节完成后，拧紧橡胶止挡上的紧固螺母。

注意：虽然开门宽度有 ±15 mm 的误差范围，但建议在调整过程中尽量减少误差范围。

（3）用记号笔在紧固螺母上重新做防松标记。

步骤 3　整理工器具并清场，操作完成。

1.3　车钩缓冲装置

学习目标

了解电动列车车钩缓冲装置的作用
掌握电动列车车钩缓冲装置的类型和结构
掌握电动列车车钩“三态”的作用原理

知识要求

1.3.1　车钩缓冲装置的作用和类型

1. 车钩缓冲装置的作用

车钩缓冲装置简称车钩，是车辆最基本、最重要的部件之一。它用来连接各车辆使之彼此保持一定距离，并且传递和缓冲电动列车在运行中或在调车时所产生的冲击力。

2. 车钩缓冲装置的类型

按照牵引连挂装置的连接方法不同，车钩可以分为非自动车钩和自动车钩。非自动车钩要由人工来完成车辆的连接，而自动车钩则无须人参与就能实现连接。

自动车钩又可分为非刚性车钩和刚性车钩两种基本类型。此外，还有半刚性自动车钩，在此不作阐述。

（1）非刚性车钩。非刚性车钩（见图 1—36）允许两个相连接的车钩钩体在垂直方向上有相对位移，降低了两车钩纵向中心线高度偏差较大的车辆相互连挂的技术要求。例如，不同类型的车辆，车轮及其他部件磨耗程度不同的车辆，以及空车和重车可使用非刚性车钩。

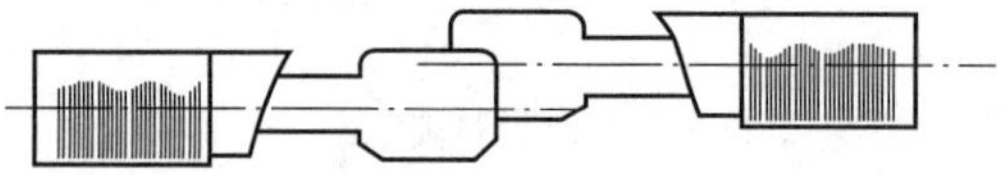

图 1—36　非刚性车钩

（2）刚性车钩。刚性车钩（见图 1—37）不允许两连挂车钩存在相对位移，大大简化了制动空气主管、电气线路等自动连挂的条件，这对于电动列车实现编组完全自动化具有重大意义，并且也改善和减轻了工人的劳动条件。刚性车钩现多用于城市轨道交通车辆。

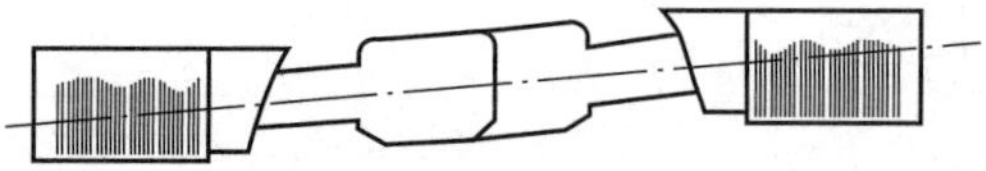

图 1—37　刚性车钩

1.3.2　车钩缓冲装置的特点

上海轨道交通车辆的车钩缓冲装置按功能不同分为全自动车钩、半自动车钩和半永久车钩，一般都采用密接式车钩连挂形式。这种连挂形式依靠两相邻车辆钩头上的凸锥和凹锥口互相插入，起到紧密连接作用。密接式车钩连挂形式使电、风同时连接，既节省人力，又安全方便，但由于它的构造较复杂，强度也较低，所以一般在地铁和轻轨上得到广泛应用。

密接式车钩连挂形式主要有以下特点。

• 在连挂时采用锥状及漏斗状的车钩头，具有较大的连挂范围，在弯道或车辆之间有高度差的情况下都可完成自动连挂。在低速行驶中，最低时速为 0.6 km/h 时也可完成自动连挂，自动连挂只需很小的力量。

● 在连挂状态时，车钩头与钩舌板总成在横向和纵向上形成了一种刚性连接。车钩钩舌板总成的排列呈平行四边形，可平均负担牵引力。其部件的磨损不影响车钩的安全性。

● 在解钩时，车钩钩舌板总成的形状可以保证车辆在受力情况下进行自动解钩。解钩过程是不可逆的，密接式车钩的安全性原理只允许车辆完全分离后再重新连挂。

1. 全自动车钩

全自动车钩（见图1—38）可以实现机械、气路、电路的自动连接。全自动车钩分为机械车钩和电气车钩两大部分。

图1—38　全自动车钩

2. 半自动车钩

半自动车钩（见图1—39）机械、气路连接的结构及作用与全自动车钩基本相同，但是电路连接需要人工手动操作，目前多采用跨接线的电气连接方式。

3. 半永久车钩

半永久车钩（见图1—40）的机械、气路、电路连接都需要人工手动操作，一般都在架修以上的检修作业时才进行解钩。

半永久车钩用于地铁车厢之间的永久连接，一套车钩由两个车钩组成，分别安装在M车和Mp车上。安装在M车上的车钩设有缓冲器，另一个车钩安装在Mp车上，是一个刚性的连接杆。它带有可以快速拆卸的卡箍，使两节车辆完好地刚性连接起来。在连接中，销轴允许车辆之间相对移动，并可在垂直方向和水平方向上曲线运行。半永久车钩通过人工操作实现气路和电路连接。

图 1—39　半自动车钩

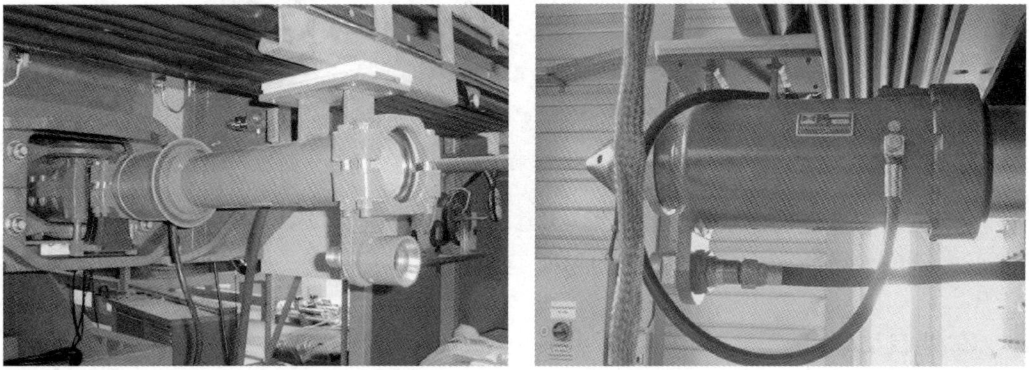

图 1—40　半永久车钩

1.3.3　车钩缓冲装置的布置

根据电动列车编组方式不同，电动列车车钩缓冲装置的布置也有所不同。以上海轨道交通电动列车的车钩缓冲装置布置图（见图 1—41）为例，下面分别介绍四节编组电动列车、六节编组电动列车和八节编组电动列车。

1. 四节编组电动列车

Tc 车的司机室前端安装了半自动车钩，而各节车厢之间安装了半永久车钩。

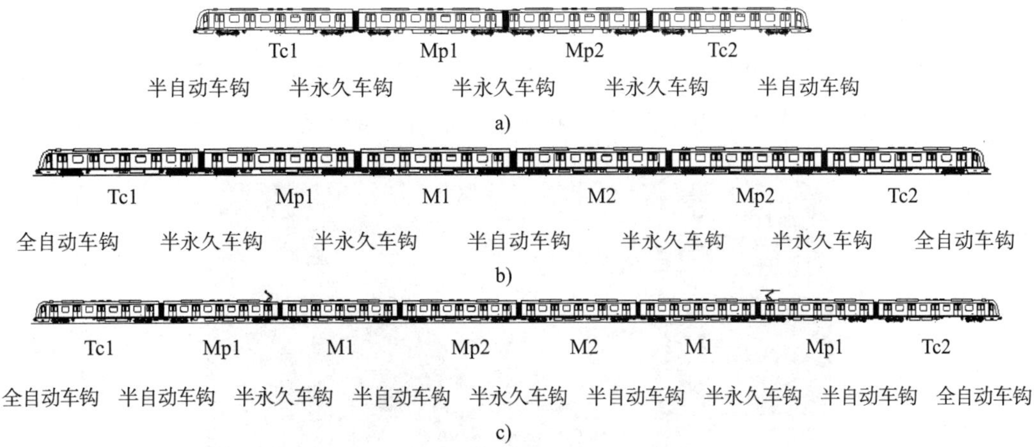

图 1—41　车钩缓冲装置布置图

a）四节编组电动列车　b）六节编组电动列车　c）八节编组电动列车

2. 六节编组电动列车

全自动车钩位于 Tc 车的司机室端，用于车厢与车厢之间连挂。半自动车钩位于电动列车中间，用于两 M 车的连挂或电动列车两单元的连挂。半永久车钩位于其他客室端，用于电动车厢之间的连挂。

3. 八节编组电动列车

全自动车钩位于 Tc 车的司机室端，其他车厢之间采用半自动车钩与半永久车钩交替布置的方式。

1.3.4　车钩缓冲装置的结构

城市轨道交通车辆的车钩缓冲装置一般由钩头、缓冲器、对中装置、钩尾冲击座四部分组成，如图 1—42 所示。

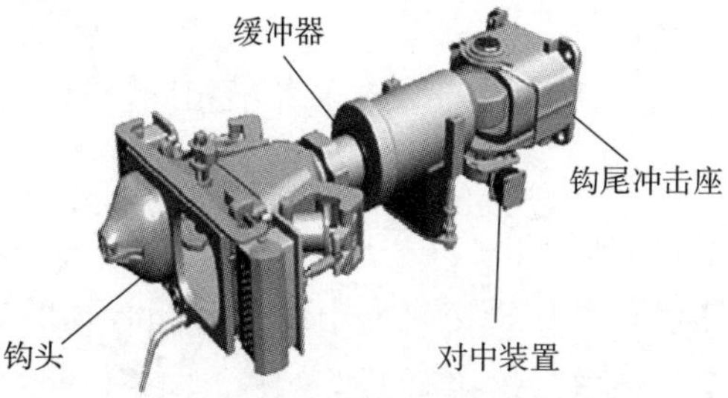

图 1—42　车钩缓冲装置结构图

1. 钩头

钩头位于车钩缓冲装置的前端，主要作用是保证两车钩的可靠连接。

钩头（见图1—43）由机械钩头、电气连接器和气路连接器三部分组成。

图1—43　钩头

（1）机械钩头。机械钩头能保证运行过程中接触面的紧密贴合和连挂，接合后自动锁定，钩头不会解锁和分离。

全自动车钩和半自动车钩的机械钩头由壳体、心轴、钩舌板、钩舌板连杆、钩舌弹簧、钩舌定位杆（或称棘爪）和弹簧、撞块和弹簧、解钩气缸组成，可实现车钩机械部分的自动连挂与解钩。

半永久车钩的机械钩头比较简单，主要由锥形钩头、锥形孔和卡箍组成，只能实现车钩机械部分的人工连挂和解钩。

（2）电气连接器。在机械钩头的两侧或上下为电气连接器，当两车钩连挂时，可通过电气连接器传递动力和信号。

不同车钩功能不同，电气连接器的结构也各不相同。目前，车钩的电气连接器有电气连接箱和跨接电缆两种。

1）全自动车钩采用电气连接箱。其工作原理是机械钩头心轴带动顶端的凸轮一起转动，使其顶动二位五通阀，使压缩空气向电气连接箱合拢的气缸充气，从而使伸出的活塞杆通过杠杆及弹簧，使电气连接箱迅速合上。

2）半自动车钩的电气连接器有电气连接箱和跨接电缆两种。电气连接箱通过人工转动齿轮，再由齿轮带动齿条进行直线运动，从而带动杠杆和弹簧使电气连接箱合上。跨接电缆是通过人工将航空插头与车体端部的航空插座连接的。

3）半永久车钩不能进行电气连接的自动连接，一般采用跨接电缆。

（3）气路连接器。气路连接器设有总风管接头和解钩风管接头。气路连接器在车钩法兰下边的中间分设两个弹簧阀，当对方的阀芯管压迫弹簧阀的阀芯时则阀被打开，使总风管和解钩风管接通。而一旦对方风管撤离，也就是两钩头的法兰面分离时，则阀芯在弹簧力的作用下将阀关闭。这样设计的气路连接器可使风管的接通和断开随车钩的连挂和解钩自动进行。解钩风管始终处于连通状态，由司机操纵磁阀控制管路的通、断，达到自动解钩或连挂的目的。

2. 缓冲器

缓冲器如图1—44 所示。其作用是缓和电动列车在运行中由于牵引力变化，或在启动、制动及调车连挂时由于车辆相互碰撞而引起的纵向冲击和振动，从而减轻对车体结构的破坏作用，提高电动列车运行的平稳性和舒适度。

图 1—44　缓冲器

（1）缓冲器的工作原理。缓冲器的工作原理是借助压缩弹性元件来缓和冲击力，同时在弹性元件变形过程中利用摩擦和阻尼吸收冲击能量。

（2）缓冲器的类型。根据缓冲器的结构特征和工作原理，一般可将缓冲器分为弹簧式缓冲器、摩擦式缓冲器、橡胶式缓冲器、摩擦橡胶式缓冲器、黏弹性橡胶泥缓冲器、液压缓冲器、空气缓冲器等。目前，应用最广泛的是摩擦式缓冲器和摩擦橡胶式缓冲器，这两种缓冲器具有结构简单、制造方便、成本低的优点。

目前，城市轨道交通车辆采用的缓冲器主要有压溃管 + EFG3 橡胶缓冲器、钢摩擦弹簧缓冲器、液压缓冲器、气液缓冲器。其中，压溃管属于不可再生缓冲器，其余为可再生缓冲器。

1）压溃管 + EFG3 橡胶缓冲器。压溃管缓冲器（见图 1—45）的特点是通过钢管的永久变形来吸收能量，吸收恒定的不变力，其最大压力值为 1 000 kN（误差 ±5%），行程有 185 mm 和 100 mm 两种。一般情况下，压溃管是不会损坏的，除非发生撞击。压溃管属于免维修部件，当压溃管的变形部位超过规定的标准时必须进行更换。

图 1—45　压溃管缓冲器

EFG 橡胶缓冲器（见图 1—46）安装于车钩座内，采用的是环形橡胶缓冲件。EFG 橡胶缓冲器的工作原理是借助橡胶分子内摩擦和弹性变形起到缓和冲击和消耗能量的作用，在牵引和压缩方向均具有能量吸收功能。这种缓冲器可以根据容量的需要设计成有两组橡胶环的 EFG2 和有三组橡胶环的 EFG3。EFG3 橡胶缓冲器属于可复原的能量吸收部件。

在电动列车正常牵引和制动时，通过橡胶缓冲器的橡胶变形来吸收冲击能量；在电动列车相撞时，通过压溃管缓冲器的永久变形来吸收冲击能量。压溃管 + EFG3 橡胶缓冲器的组合能满足较高速度下电动列车碰撞的能量吸收要求，是最佳的组合。

2）钢摩擦弹簧缓冲器。钢摩擦弹簧缓冲器又称环弹簧缓冲器，主要由弹簧盒、牵引杆、前后弹簧座和环形弹簧组成，如图 1—47 所示。环形弹簧安装在前后弹簧座之间，不论车钩受冲击或牵拉，均受压缩作用。由于内、外环弹簧的接触面均做成 V 形锥面，当受到压缩相互挤压时，外环扩张，内环压缩，这样就产生了轴向变形，起到缓冲的作用。同时，内、外环弹簧接触面产生相对滑动，摩擦力做功消耗了部分冲击能量。缓冲器的能量吸收量为 18.7 kJ，最大作用力为 590 kN，最大行程为 58 mm。

图 1—46　EFG3 橡胶缓冲器

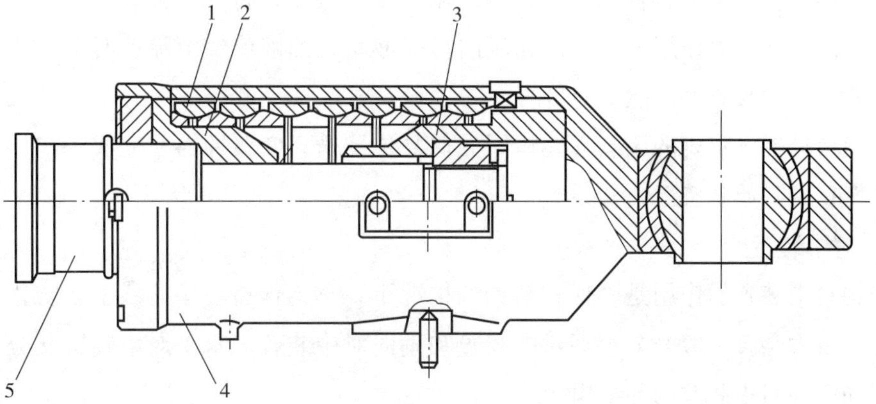

图 1—47　环弹簧缓冲器

1—环形弹簧　2—前弹簧座　3—后弹簧座　4—弹簧盒　5—牵引杆

3）液压缓冲器。液压缓冲器是指主要依靠液压阻尼对电动列车进行缓冲减速，防止硬性碰撞导致机构损坏的缓冲器，如图 1—48 所示。液压缓冲器是一种可恢复的能量吸收装置，具有容量大、性能稳定、阻抗特性和冲击性能好等特点。车钩在发生撞击时，缓冲器内部的活塞杆作用于活塞，使压力油在活塞和缸体内壁的间隙流动，从而吸收冲击能量，其相

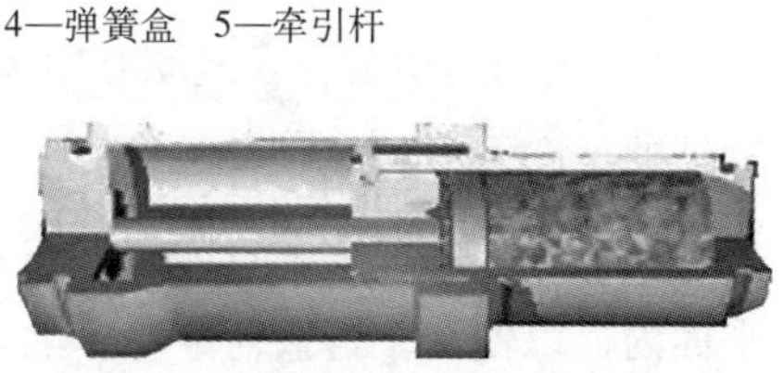

图 1—48　液压缓冲器

对速度越快，吸收能量越多。液压缓冲器一般多采用钢弹簧作为复位弹簧，使缓冲器恢复初始状态。

4）气液缓冲器。气液缓冲器由缸体、柱塞、节流调节芯棒、气液隔离活塞等部件组成。气液缓冲器内部形成两个液室和一个气室，液室内充有液压油，气室内充有氮气，如图1—49所示。

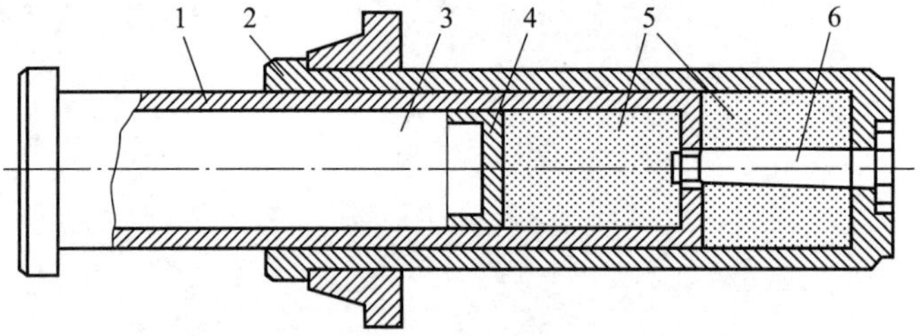

图1—49　气液缓冲器

1—柱塞　2—缸体　3—气室　4—气液隔离活塞　5—液室　6—节流调节芯棒

当车体发生冲击时，柱塞向缸体内运动，压缩液室，将冲击能转化为液压能。一液室内的油液在压力作用下经节流孔流向另一液室，油液流经节流孔时会产生压力抵消液压能，达到吸收冲击能量的目的。

气液缓冲器气室内的压缩气体作用类似复位弹簧，使缓冲器在完成一次冲击能量吸收后恢复到初始状态。

3. 对中装置

车钩对中装置的作用是确保在解钩的情况下，车钩保持在中心线上，防止车钩随意摆动。对中装置一般分为水平对中装置和垂向对中装置。水平对中装置又分气动对中装置和机械对中装置两种结构。

（1）水平对中装置

1）气动对中装置。气动对中装置（见图1—50）安装在缓冲器支承座的下方，缓冲器的尾部下方还左、右各设有一个对中气缸。当气缸充气时，车钩被固定无法转动，达到使车钩自动对中的目的。此时，车钩缓冲装置的中心线与车体中心线在一个垂直平面内，以使两个钩头对准对方的车钩钩坑。当气缸排气时，整个车钩缓冲装置在水平面内可绕销轴左右摆动40°，在垂直平面内可上下摆动5°，以满足车辆曲线运行的要求。

2）机械对中装置。机械对中装置是用弹簧代替了对中气缸，利用弹簧较大的挠度限制车钩在水平方向的摆动角度。解钩时，车钩在水平面内可绕销轴左右摆动30°，在

图 1—50　气动对中装置

垂直平面内可上下摆动 5°，以实现车钩在直线段和曲线段的正常连挂。

（2）垂向对中装置。垂向对中装置（见图 1—51）采用垂向支承形式，通过调整该处的调节螺栓实现调节车钩端面中心线到轨道上表面的距离。车钩缓冲装置中心至轨面高度为 720 mm。

图 1—51　垂向对中装置

4. 钩尾冲击座

钩尾冲击座呈球形，将车钩缓冲器的尾部与车体底架连接。采用过载保护螺栓的形式，用鼓形套筒来避免超过许用载荷（800 kN）的情况。当车辆发生冲击事故时，过载保护环自行脱落，从而使车体的损坏程度得到控制。

1.3.5　车钩的“三态”

在全自动车钩和半自动车钩连挂时，车钩钩头自动完成机械连接。为了实现挂钩或解钩，使车厢连接或分离，车钩具有三种位置，也就是车钩的“三态”，即待挂状态、连挂状态和解钩状态。

1. 待挂状态

待挂状态是指车钩连挂前的准备状态。此时，钩头内的钩舌板、定位杆、钩锁弹簧等部件都在待挂位置，如图 1—52 所示。

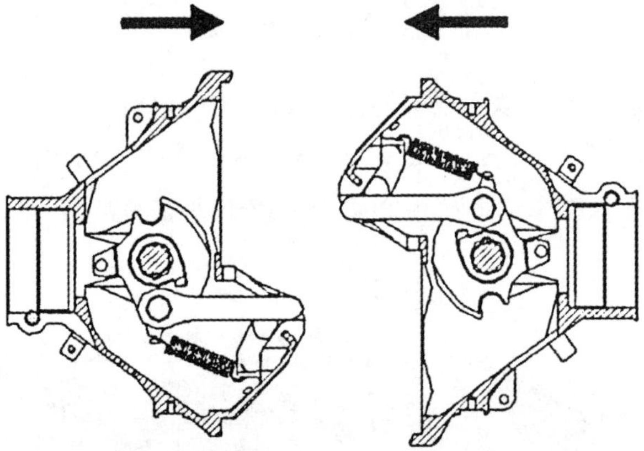

图 1—52　待挂状态

2. 连挂状态

连挂状态是指车钩完成自动连接的状态，如图 1—53 所示。此时，一车钩的凸锥体插入另一车钩的凹锥孔内，这时两车钩内部的钩舌板分别被迫逆向转动，互相锁住对方的连接杆，使两车钩连接的端面相接合，连接杆与钩舌板形成一个平行四边形，使牵引力均匀分配，并避免发生意外的脱钩。

3. 解钩状态

解钩状态是指车钩完成分离的状态，如图 1—54 所示。解钩可采用自动解钩和手动解钩两种方式。解钩时，钩舌板将会转动，当钩舌板旋转到一定位置时，钩舌连接杆开始离开对面的钩舌板从而离开凹槽，解钩完成。两车厢分开后，车钩又处于待挂状态。

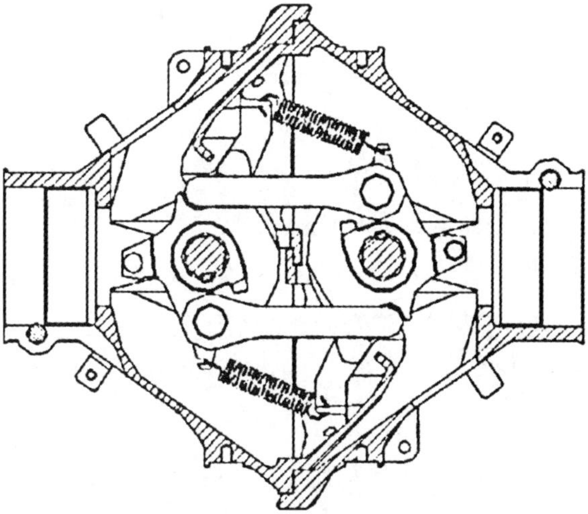

图 1—53　连挂状态

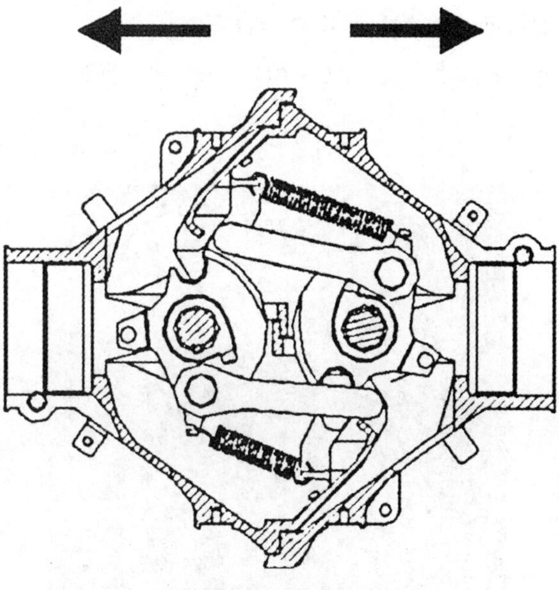

图 1—54　解钩状态

技能要求

全自动车钩高度的测量

操作要求

1. 熟悉全自动车钩安装位置。

2. 选用合适的工具测量车体地板面高度，熟悉车体地板面高度尺寸的标准。

3. 掌握地板面高度与车钩高度的相互关系。

4. 选用合适的工具测量车钩高度，熟悉车钩高度尺寸标注。

5. 作业结束，整理工器具清场。

6. 所有作业必须严格按照实训安全规范操作。

操作步骤

步骤 1 检查 Tc 车转向架空气弹簧内压缩空气是否充足，如果空气弹簧压力不足，需要启车升弓打风。待打风结束，车体稳定后再进行下一步操作。

步骤 2 测量车体地板面高度。

（1）在客室车门正下方的钢轨上表面放置一根刚性直尺。

（2）用钢卷尺测量车门门槛上表面到刚性直尺下边沿的距离，并读数，如图 1—55 所示。测量时，钢卷尺应自由下垂；读数时，不能手扶钢卷尺。

（3）判断 Tc 车地板面高度值是否符合设计要求。

注：西门子车型地板面高度为（1 130 ± 10）mm，阿尔斯通车型地板面高度为 1 120 ~ 1 143 mm。

图 1—55 测量地板面高度

步骤 3 测量车钩高度。

（1）在车钩钩头正下方的钢轨上表面放置一根刚性直尺。

（2）用钢卷尺测量车钩钩头平面水平中心线到刚性直尺下边沿的距离，并读数，如图 1—56 所示。测量时，钢卷尺应自由下垂；读数时，不能手扶钢卷尺，如图 1—57 所示。

（3）判断所测量高度值是否符合要求，标准值为 720^{+8}_{0} mm。

步骤 4 整理工器具清场，操作完成。

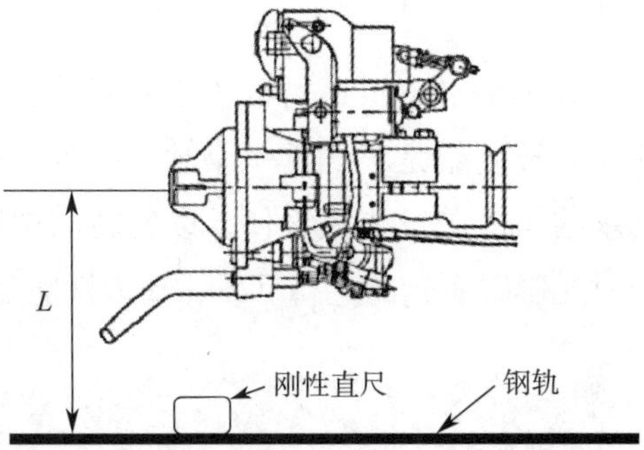

图 1—56 车钩钩头平面水平中心线距轨面高度值 L

图 1—57 测量全自动车钩高度

1.4 转向架

学习目标

了解电动列车转向架的作用、分类和组成

掌握电动列车转向架主要部件的作用、结构和特点

知识要求

转向架是支承车体并引导车辆沿轨道运行的支承走行装置，是车辆最重要的组成部件之一，如图 1—58 所示。转向架是车辆的一个独立部件。在转向架与车体之间应尽可能减少连接件，并要求结构简单、装拆方便，以便转向架独立维修。转向架的结构及部件参数是否合理，直接影响车辆的运行品质、动力性能和行车安全。

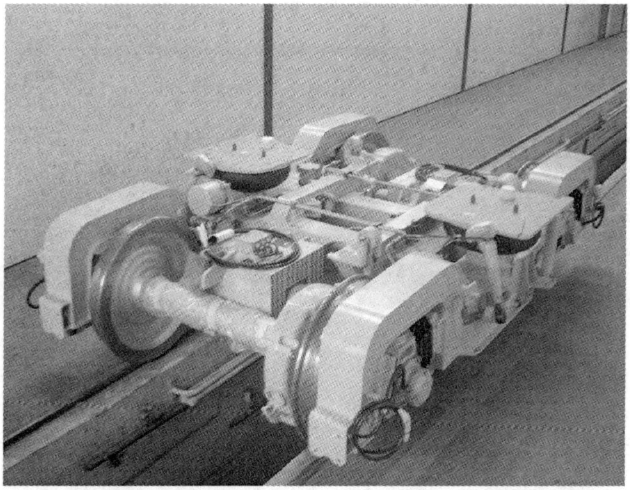

图 1—58 转向架

1.4.1 转向架的作用和组成

1. 转向架的作用

（1）在正常运动条件下，保证车体能可靠地坐落在转向架上，并通过轴承装置使车轮沿钢轨的滚动转化为车体沿线路运动的平动。

（2）支承车体，承受并传递从车体至轮对之间或从轮轨至车体之间的各种载荷及

作用力，并使轴重均匀分配。

（3）保证车辆安全运行，能灵活地沿直线线路运行及顺利地通过曲线线路。

（4）便于弹簧减振装置的安装，使车辆具有良好的减振特性，以缓和车辆和线路之间的相互作用，减小振动和冲击，减小动应力，提高车辆运行的平稳性和安全性。

（5）充分利用轮轨之间的黏着作用传递牵引力和制动力。

2. 转向架的组成

简单来说，把两个或两个以上轮对用专门构架组成一个小车，这个小车就称为转向架。而车体就架承在前、后两个转向架上。为了方便通过曲线线路，车体与转向架之间可以相对转动。

由于车辆的用途、运行条件与要求不同，所采用的转向架结构各异，类型也有很多，但它们的基本组成部分和主要功能是相同的。转向架一般由轮对、轴箱装置、弹性悬挂装置、构架、中央牵引连接装置、牵引传动装置、基础制动装置等组成，如图1—59所示。

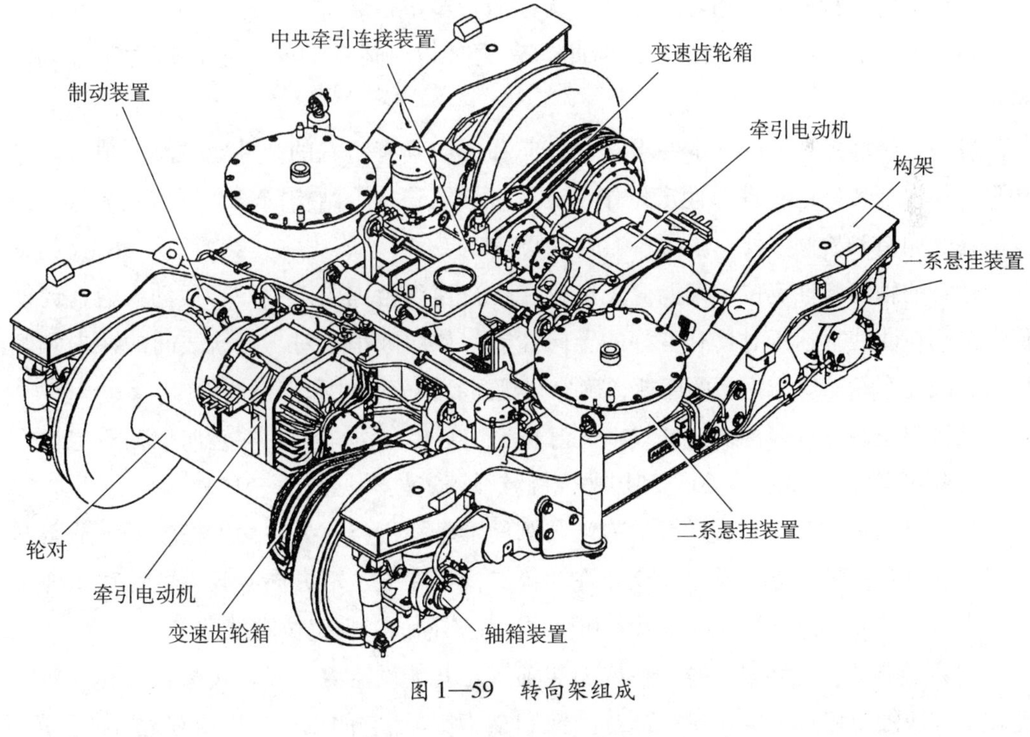

图1—59　转向架组成

1.4.2 转向架的分类

转向架用途不同，运行条件有差异，这对转向架的性能、结构、参数和采用的材料及工艺等提出不同的要求，从而出现了多种形式的转向架。转向架的分类方式主要是按轴数和轴型分类、按轴箱定位方式分类、按弹簧悬挂装置形式分类、按车体与转向架之间的载荷传递方式分类、按有无牵引传动装置分类等。

1. 按轴数和轴型分类

不同转向架采用的轮对数目与类型是有区别的。按轴数分类，转向架分为二轴、三轴和多轴。转向架的轴数一般是根据车辆总重和每根车轴的容许轴重确定的。轴重是指按车轴形式及在某个运行速度范围内，车轴允许负担的包括轮对自身在内的最大总质量。车轴直径越粗，容许轴重越大，但最大容许轴重受线路和桥梁的强度标准限制。上海轨道交通电动列车转向架均为二轴，常见的 A 型车允许轴重为 16 t，C 型车允许轴重为 14 t。

2. 按轴箱定位方式分类

约束轮对与构架之间相对运动的机构称为轴箱定位装置。由于轴箱相对于轮对在左、右、前、后方向的间隙很小，因此约束轮对相对运动的轮对定位通常又称轴箱定位。

轴箱定位装置选型的基本要求是在纵向和横向具有适宜的弹性定位刚度值，且结构形式能保证良好地实现弹性定位作用，具有性能稳定、结构简单又可靠、无磨耗或少磨耗、制造和检修方便、质量轻、成本低等特点。

适宜的轴箱弹性定位不仅能避免车辆在运行速度范围内发生蛇行运动失稳，还能保证车辆在曲线上运行时具有良好的导向性能，从而减小轮对与钢轨之间的冲击和侧压力，减轻车轮轮缘与钢轨的磨耗，确保车辆运行的安全性和平稳性。

轴箱定位装置有多种结构形式，上海轨道交通电动列车常用的转向架轴箱定位方式有转臂式定位（见图 1—60）和层叠式橡胶弹簧定位（见图 1—61）。

（1）转臂式定位。定位转臂的一端与圆筒形轴箱固接，另一端以橡胶弹性节点与构架上的安装座相连接，弹性节点允许轴箱与构架在上、下方向有较大的位移，弹性节点内的橡胶件设计可使轴箱在纵向和横向适于不同的弹性定位刚度要求。

（2）层叠式橡胶弹簧定位。在构架与轴箱之间装设压剪型层叠式橡胶，其垂向刚度较小，使轴箱相对构架有较大的上、下方向位移，而它的纵向、横向有适宜的刚度，以实现良好的弹性定位。

图 1—60　转臂式定位

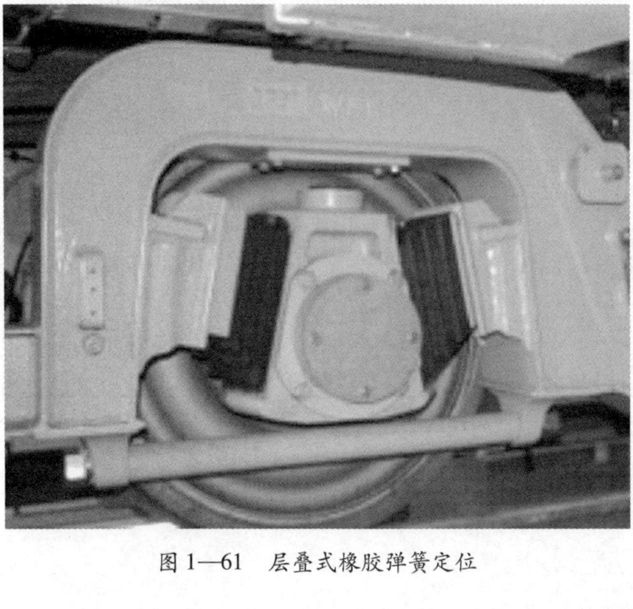

图 1—61　层叠式橡胶弹簧定位

这两种定位方式均为无磨耗的轴箱弹性定位装置，通过对橡胶金属弹性铰或弹性节点的设计，达到较为理想的定位性能。

3. 按弹簧悬挂装置形式分类

根据转向架所装设弹簧系统的数量可分为一系弹簧悬挂（见图1—62）和二系弹簧悬挂（见图1—63）。

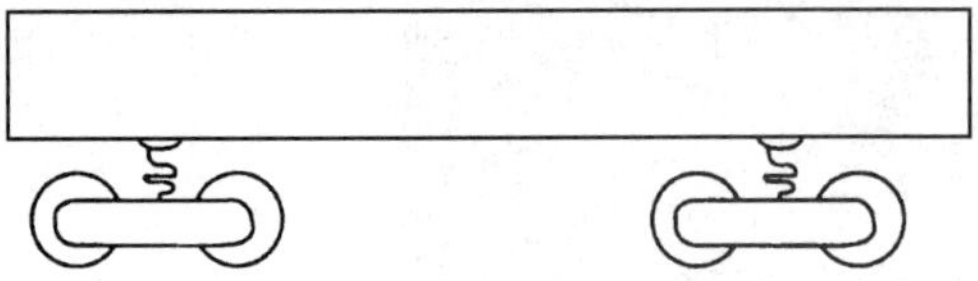

图1—62　一系弹簧悬挂

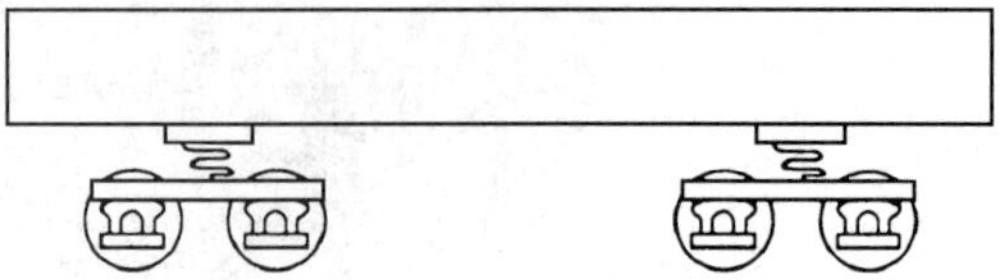

图1—63　二系弹簧悬挂

（1）一系弹簧悬挂。一系弹簧悬挂是指在车体与轮对之间只设一系弹簧减振装置。它可以设在车体与构架之间，也可以设在构架与轮对之间。

（2）二系弹簧悬挂。二系弹簧悬挂是指在车体与轮对之间设有二系弹簧减振装置，即在车体与构架之间设弹簧减振装置，在构架与轮对之间设轴箱弹簧减振装置，两者相互串联，使车体经历两次弹簧减振。

4. 按车体与转向架之间的载荷传递方式分类

（1）心盘集中承载。心盘集中承载如图1—64a所示，其车体的全部重量通过前、后两个转向架的上心盘分别传递给下心盘。

（2）非心盘承载。非心盘承载如图1—64b所示，其车体的全部重量通过弹性悬挂装置直接传递给转向架构架，或者通过弹性悬挂装置与构架之间装设的旁承装置传递。这种转向架还设有心盘回转装置，起牵引和转动的作用。

（3）心盘部分承载。心盘部分承载如图1—64c所示，其车体的全部重量按一定比例分配，分别传递给转向架心盘和旁承装置，使它们共同承载。

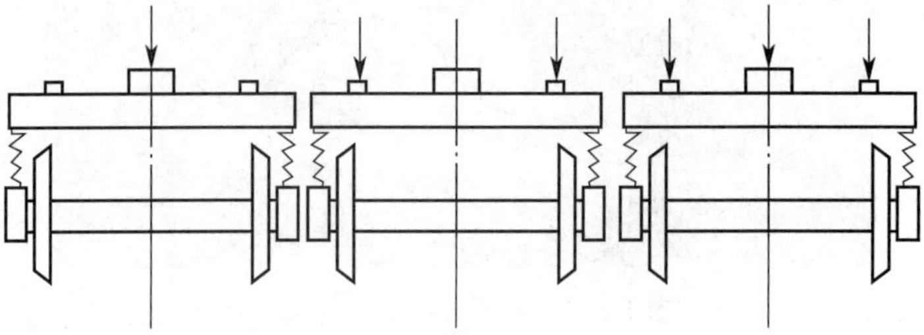

图1—64　车体与转向架之间的载荷传递方式

a）心盘集中承载　b）非心盘承载　c）心盘部分承载

5. 按有无牵引传动装置分类

上海轨道交通电动列车转向架大多按车辆类型区分，一般分为拖车转向架和动车转向架两大类，如图 1—65 所示。拖车转向架安装在 Tc 车上，动车转向架安装在 M 车和 Mp 车上。拖车转向架与动车转向架之间不可互换，主要差异在于动车转向架安装牵引传动装置，包括牵引电动机、联轴器及齿轮箱，而拖车转向架不带牵引传动装置。

由于 Tc 车一位端的拖车转向架安装车载 ATC（列车自动控制）传感器，与二位端拖车转向架设备布置略有不同，因此，两者无法互换。而动车转向架结构相同，具有互换性。

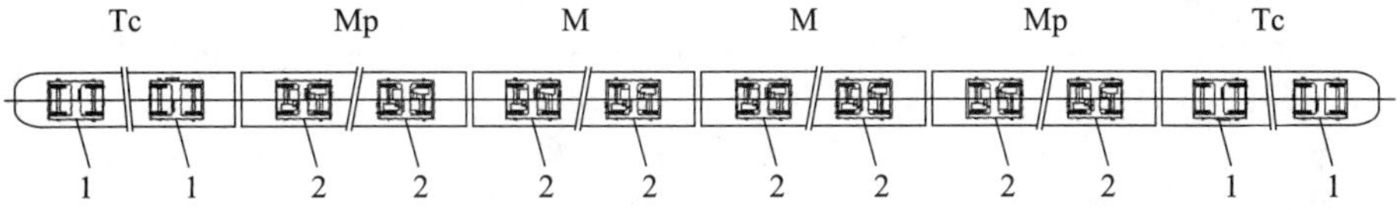

图 1—65　动拖车转向架布置图

1—拖车转向架　2—动车转向架

1.4.3　轮对轴箱装置

1. 轮对

轮对（见图1—66）的作用是沿钢轨滚动，除了传递车辆重量外，还传递轮轨之间的各种作用力，包括牵引力和制动力。

图 1—66　轮对

轮对是由一根车轴和两个相同的车轮采用过盈配合牢固地结合在一起的，是组成转向架的重要部件之一。

（1）车轴。城市轨道交通车辆使用的车轴绝大多数为圆截面实心轴，采用优质碳素钢加热锻压成型，再经热处理（正火或正火后再回火）和机械加工制成。车轴一般由轴颈、轮座、防尘板座、轴身等部位组成，如图1—67所示。

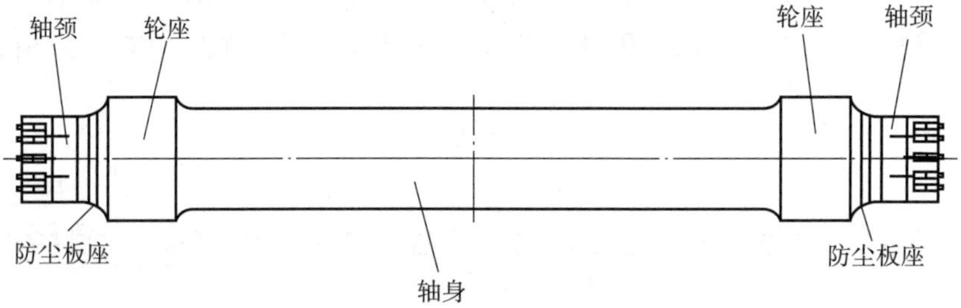

图1—67 车轴

（2）车轮。车轮的结构、形状、尺寸、材质是多种多样的。按其结构分为整体轮和带箍车轮两种。城市轨道交通车辆一般采用整体轮，整体轮按材质可分为辗钢轮和铸钢轮等。

整体辗钢轮由踏面、轮缘、轮辋、辐板和轮毂等组成，如图1—68所示。车轮与钢轨的接触面称为踏面，一侧沿圆周突起的圆弧部分称为轮缘，是保持车辆沿钢轨运行、防止脱轨的重要部分。踏面沿径向的厚度部分称为轮辋。轮毂是轮与轴互相配合的部分。轮辋与轮毂连接的部分称为辐板。

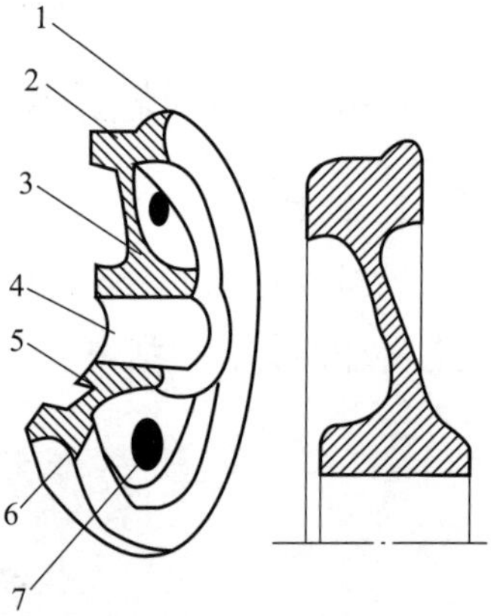

图1—68 整体辗钢轮

1—轮辋 2—踏面 3—辐板 4—轮毂孔 5—轮毂 6—轮缘 7—辐板孔

2. 轴箱装置

轴箱装置（见图1—69）的作用是将轮对和构架联系在一起，使轮对沿钢轨的滚动转化为车体沿线路的平动，并把车辆的重量及各种载荷传递给轮对，保证良好的润滑性能，减少磨耗，降低运行阻力，防止燃轴。

轴箱内装有轴承。轴承多采用滚动轴承，可降低车辆的启动阻力和运行阻力，改善车辆走行部的工作条件，减少燃轴的惯性事故，减轻维护和检修工作，降低运行成本。

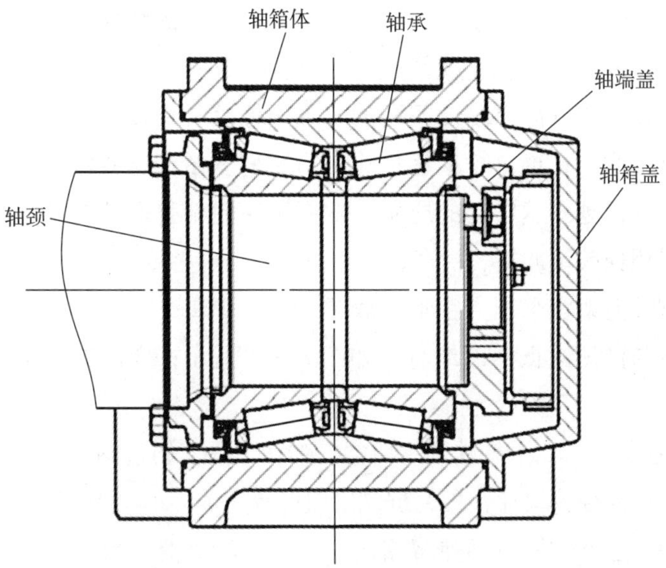

图 1—69　轴箱装置

1.4.4　弹性悬挂装置

车辆在轨道上运行时，由于线路的不平顺、轨隙、道岔、轨面的缺陷和磨耗，以及车轮踏面的斜度、擦伤和轮轴的偏心等原因，必将产生复杂的振动和冲击。为了提高车辆运行的平稳性，保证乘客的舒适体验，转向架必须设有弹性悬挂装置。

1. 弹性悬挂装置的分类

（1）按作用不同。弹性悬挂装置按作用不同大体可分为三类。

1）第一类主要起缓和冲击的作用，如空气弹簧和轮轴弹簧等弹簧装置。

2）第二类主要起衰减振动（消耗振动能量）的作用，如垂向和横向减振器等减振装置。

3）第三类主要起弹性约束的作用，如轴箱定位装置，心盘与构架的纵向、横向缓冲止挡等定位装置。

（2）按设置位置不同。弹性悬挂装置按设置位置不同可分为一系悬挂装置和二系悬挂装置两类。前者是指转向架在轮对与构架之间设有弹性悬挂装置，又称轴箱悬挂装置；后者是指转向架在构架与车体之间设有弹性悬挂装置，又称中央悬挂装置。

1）一系悬挂装置。常见的一系悬挂装置有人字形橡胶弹簧、锥形橡胶弹簧、钢弹簧与液压减振器等形式。

橡胶元件的力学性能不同于一般的金属元件。橡胶的弹性模量比金属小得多，可以获得较大的弹性变形，容易实现预想的非线性特性；可以自由确定其形状；可以根据设计要求达到在各个方向上刚度不同的要求。橡胶具有较高的内阻，对衰减高频振动和隔音有良好效果。同时，橡胶密度小，自重轻。由于这些特性，橡胶元件在城市轨道交通车辆上获得越来越广泛的应用，常用于转向架弹簧装置和轴箱定位装置，如弹簧支承面上采用橡胶缓冲垫、衬套、止挡等。

西门子车型转向架多采用人字形橡胶弹簧，如图 1—70 所示；阿尔斯通车型转向架多采用钢弹簧与液压减振器的组合，如图 1—71 所示；庞巴迪车型转向架多采用锥形橡胶弹簧，如图 1—72 所示。

2）二系悬挂装置。二系悬挂装置由空气弹簧、高度调整阀、垂向液压减振器、横向液压减振器、横向橡胶缓冲止挡、抗侧滚扭杆等组成，如图 1—73 所示。

①空气弹簧。空气弹簧与钢弹簧相比，在改善车辆的动力性能和运行品质上具有显著的优点。空气弹簧具有横向弹性复原作用，使结构大大简化，所以，在地铁、轻轨及高速列车上获得广泛的应用。空气弹簧下方安装层叠式橡胶弹簧（又称应急弹簧），当空气弹簧气囊失效时，层叠式橡胶弹簧可以承受车辆载荷，防止车体倾斜引起车辆脱轨。

②高度调整阀。高度调整阀安装在车体与转向架之间，它通过调节空气弹簧橡胶囊内的压缩空气来保证车辆地板面与轨面之间的距离。当车体载荷增加时，压缩空气

图 1—70　人字形橡胶弹簧

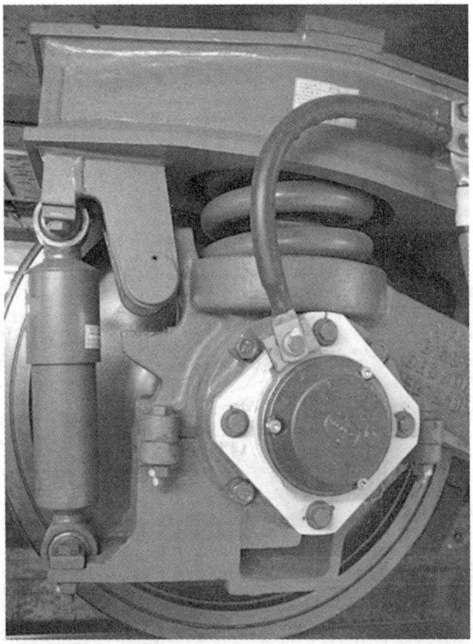

图 1—71　钢弹簧与液压减振器的组合

图 1—72　锥形橡胶弹簧

向空气弹簧充气，直至地板面上升到标定的高度为止；当车体载荷减小时，空气弹簧向大气排气，直至地板面降低到标定高度为止。

③垂向液压减振器和横向液压减振器。垂向液压减振器设在车体与构架之间，横向液压减振器设在心盘与构架之间，分别用来衰减车辆垂向和横向的振动。

④横向橡胶缓冲止挡。横向橡胶缓冲止挡设在构架横梁中部的上方，用来限制车体与构架之间的横向位移。

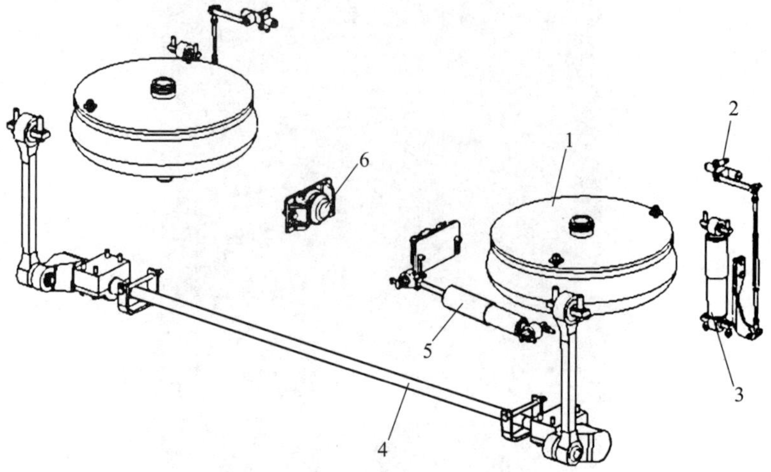

图 1—73　二系悬挂装置

1—空气弹簧　2—高度调整阀　3—垂向液压减振器　4—抗侧滚扭杆　5—横向液压减振器　6—横向橡胶缓冲止挡

⑤抗侧滚扭杆。抗侧滚扭杆（见图 1—74）横穿于构架的横梁中，由一根扭杆弹簧穿装在横梁中间，两端安装曲柄（又称扭臂）和连杆，并与车体相连。在车体发生侧滚振动时，扭杆产生抵抗扭转变形的扭矩，对车体的侧滚振动起抑制作用。

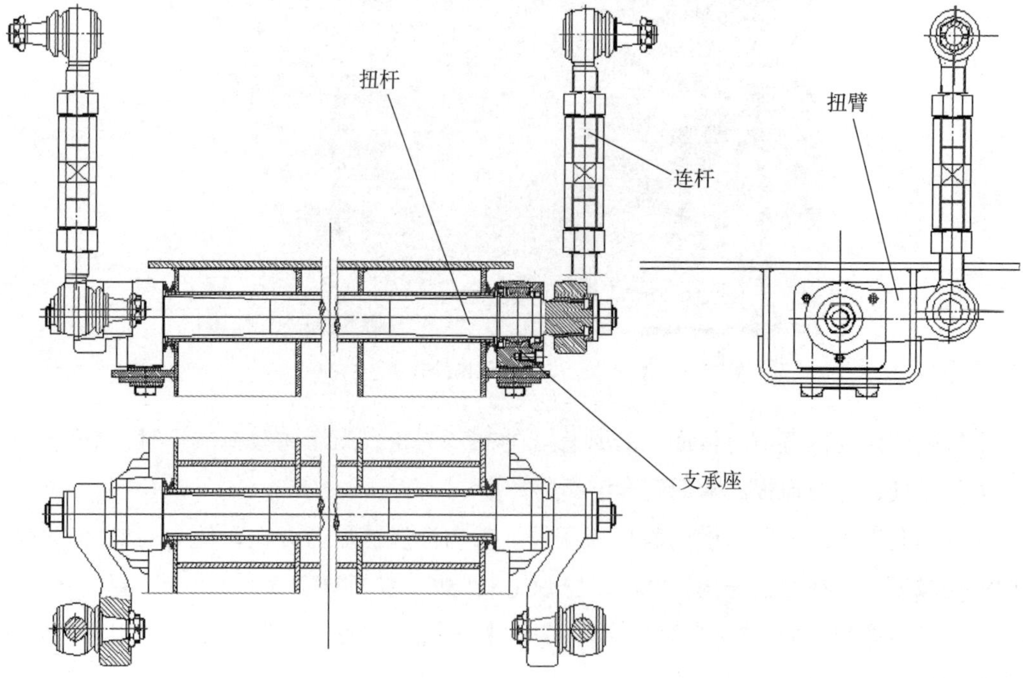

图 1—74　抗侧滚扭杆

1.4.5 构架

构架是转向架的基础，它把转向架的零部件组成一个整体。它不仅承受和传递各种作用力及载荷，而且它的结构形状和大小尺寸都应满足各零部件的结构、形状及组装要求（如应满足基础制动装置、弹性减振装置、轴箱定位装置等安装的要求）。

1. 构架的作用

构架的作用是将车体与走行部件连成一体，把车体经空气弹簧传来的垂向载荷传递给轮对，通过心盘和中心销使车体与转向架彼此可以相对转动，便于车辆通过曲线线路。利用构架安装及支承轮对、轴箱、弹簧、单元制动机、牵引电动机、齿轮减速箱、心盘等部件。

2. 构架的结构

构架由压制成型的钢板焊接成H形全封闭箱形结构，具有质量轻、强度高、使用寿命长的特点，如图1—75所示。

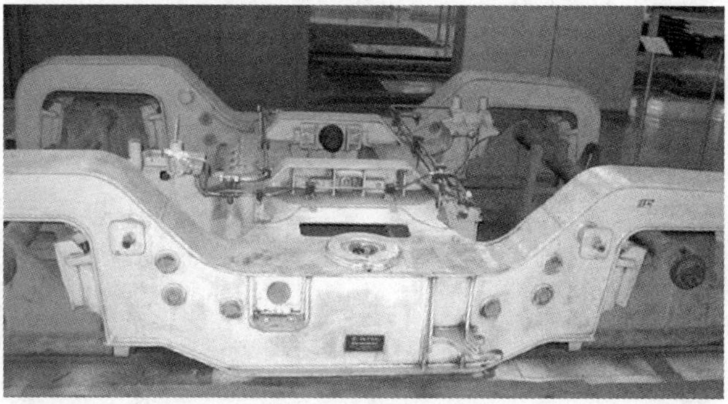

图1—75 构架

H形构架由侧梁和横梁组成。侧梁两端安装轴箱导框，可安装一系悬挂装置，侧梁的中部为空气弹簧安装座。横梁中部设有中心销座，外侧设有牵引电动机安装座，下方设有牵引拉杆安装座，装在中心销座中的中心销将车体与转向架连接在一起，并由此传递牵引力和制动力。

构架上还设有用来安装抗侧滚扭杆、单元制动机、高度调整阀的调整拉杆及液压减振器的安装座。

1.4.6 中央牵引连接装置

中央牵引连接装置是车体与转向架的连接部件，其功能是安全可靠地支承车体，并传递各种载荷和作用力，同时，车体与转向架之间应能绕不变的旋转中心相对转动，以使车辆顺利通过曲线。

1. 中央牵引连接装置的作用

中央牵引连接装置设于转向架的中部，起连接车体与转向架的作用，当通过曲线线路时，车体与转向架可以相对运动，并通过牵引拉杆传递牵引力和制动力。它由中心销、上心盘、下心盘、复合橡胶衬套、碗形垫等组成。

2. 中央牵引连接装置的结构

中央牵引连接装置的结构如图 1—76 所示。中心销穿过上心盘的中间并通过螺栓固定在车体底架上，在中心销与下心盘之间装有复合弹簧。在安装复合弹簧时，要注意碗形垫上的两个销轴与中心销下部的销孔对准才能准确安装复合弹簧，并使它与下心盘之间有合适的张紧力。相对于中心销呈斜对称配置的两个牵引拉杆，其一端与心盘相连，另一端与转向架相连，牵引拉杆的连接孔内设有橡胶套。为限制车体与转向架之间的横向位移，在下心盘与构架之间还装有橡胶横向止挡。

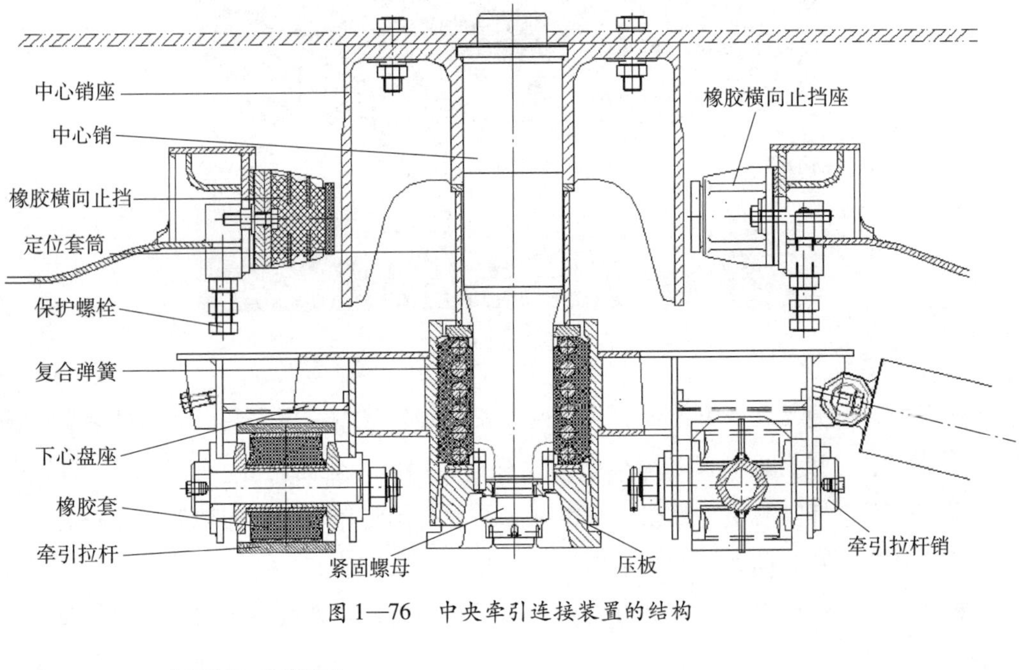

图 1—76　中央牵引连接装置的结构

1.4.7　牵引传动装置

1. 牵引传动装置的作用

牵引传动装置的作用是使牵引电动机的扭矩转化为轮对或车轮上的扭矩，利用轮轨之间的黏着作用驱动车辆沿钢轨运行。牵引传动装置仅安装在动车转向架上。

2. 牵引传动装置的结构

牵引传动装置由牵引电动机、联轴器、齿轮箱等组成，如图1—77所示。

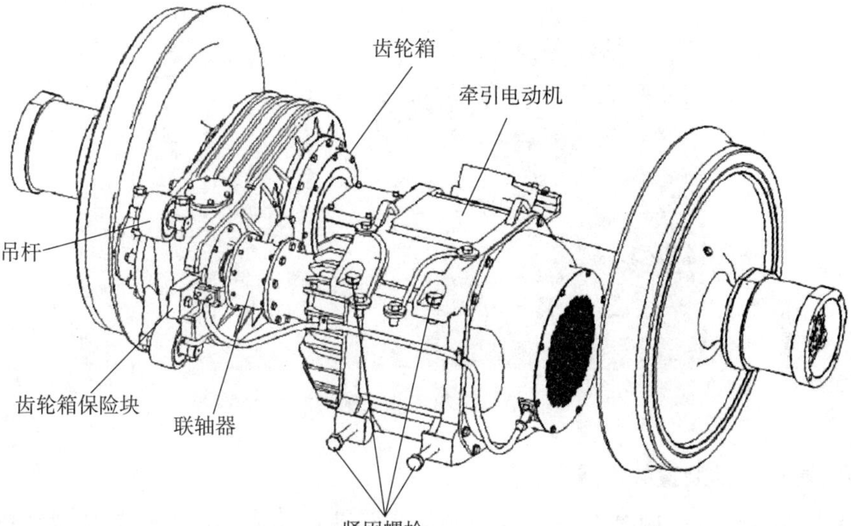

图1—77 牵引传动装置的结构

每个动车转向架上安装两台牵引电动机，吊挂在构架横梁的侧面，为全悬挂方式。目前，电动列车多采用交流牵引电动机，与直流电动机相比，它具有体积小、联轴器安装空间大、联轴器选型多等优点。

齿轮箱一般采用二级减速齿轮结构，起到降低转速、增大扭矩的作用。齿轮箱为半悬挂方式，以减小对构架的冲击。

牵引电动机与齿轮箱之间通过联轴器相连，通过联轴器将电动机扭矩传递给两级减速齿轮，这种结构也能承受电动机与减速齿轮间相应的垂向、横向、纵向及锥向错位。

1.4.8 基础制动装置

1. 基础制动装置的作用

为了使运行中的车辆在规定的距离内停车，必须在转向架上安装基础制动装置，如图1—78所示。其作用是传递和放大制动缸产生的制动力，使闸瓦与轮对或制动卡钳与制动盘之间产生的摩擦力转换成轮轨之间的摩擦力（即制动力），从而使车辆承受前进方向的阻力，产生制动效果。

图 1—78　基础制动装置

2. 基础制动装置的设置

基础制动装置采用踏面制动单元或盘式制动单元，安装在构架侧梁或端梁上。每台转向架上一般安装四个单元制动机，其中两个单元制动机带有停放制动功能，这两个单元制动机呈对角布置。

技能要求

轮对内侧距尺寸的测量

操作要求

1. 掌握轮对内侧距尺的使用方式。
2. 掌握轮对内侧距尺寸的测量和读数方法。
3. 作业结束，整理工器具清场。
4. 所有作业必须严格按照实训安全规范操作。

操作步骤

步骤 1　检查轮对内侧距尺是否贴有计量合格证，使用标准校验块对其进行校准。

步骤 2　轮对内侧距尺校准后放置在车辆轮对内侧，如图 1—79、图 1—80 所示。

步骤 3　将轮对内侧距尺卡在轮对上，一侧（无读数显示侧）固定，如图 1—81 所示。移动另一侧（有读数显示侧）标尺，使标尺上的刃口卡住车轮，读数，如图1—82所示。

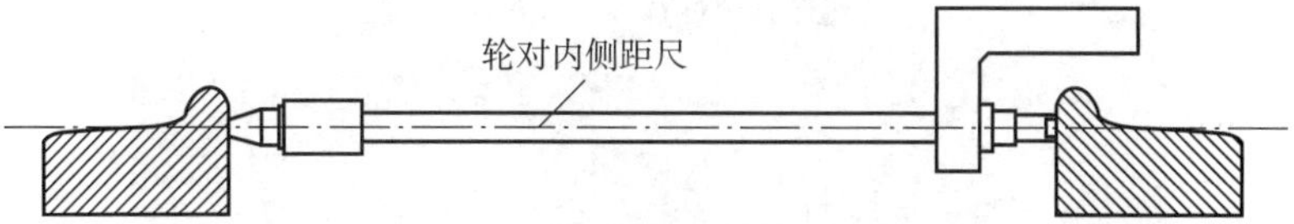

图1—79 轮对内侧距尺放置位置

图1—80 轮对内侧距尺操作

图1—81 轮对内侧距尺固定端

图 1—82　轮对内侧距尺标定端

步骤 4　测量及读数要求。

（1）每个轮对需要分别取三点测量轮对内侧距值，即每隔 120°对轮对内侧距进行一次测量。

（2）测量时，要注意轮对内侧距尺的放置，一定要和车轴平行。

（3）计算三点测量值的平均值，作为该轮对内侧距的最终测量值。西门子车型轮对内侧距标准为（1 358 ±1）mm；阿尔斯通车型轮对内侧距标准为（1 355 ±1）mm。

步骤 5　整理工器具清场，操作完成。

1.5　机械制动系统

学习目标

了解电动列车制动系统的制动方式

掌握制动系统的结构组成和作用

知识要求

城市轨道交通车辆必须安装制动系统，其作用是根据需要使车辆按规定减速、停车。制动系统是车辆安全保证的重要环节之一，也是车辆先进与否的重要标志之一。

1.5.1 制动技术基础

1. 制动的概念

人为地制止物体运动，包括使其减速、阻止其运动，均可称为制动。反之，对已经施行制动的物体解除或减弱其制动作用，称为缓解。

为使电动列车能施行制动和缓解而安装的一整套设备总称制动装置。在以下情况中需要对电动列车进行制动。

（1）为了使运行中的电动列车能迅速减速或停车，必须对其进行制动。

（2）电动列车在下坡道上运行时需要对其进行制动。

（3）为避免停放的列车因重力和风力作用而移动，也需要对其进行制动（停放制动）。

2. 黏着制动的概念

在制动时，以闸瓦制动为例，钢轨、车轮、闸瓦三者之间有三种可能状态。制动示意图如图 1—83 所示。

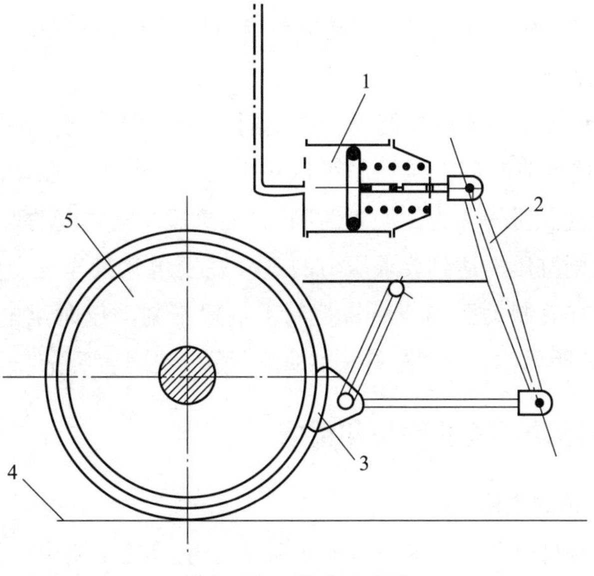

图 1—83　制动示意图

1—制动缸　2—基础制动装置　3—闸瓦　4—钢轨　5—车轮

（1）纯滚动状态。纯滚动状态是指靠滚动的车轮与钢轨接触点在接触瞬间的静摩擦阻力（不发生相对滑动）作为制动力，车轮沿钢轨边滚动边减速停止。在此过程中，车轮与钢轨之间是静摩擦，车轮与闸瓦之间是动摩擦。若能达到这种状态，则可实现的制动是轮轨间静摩擦阻力的最大极限值，但这是一种难以实现的理想状态。

（2）滑行状态。滑行状态是指车轮与闸瓦之间为静摩擦，车轮与钢轨之间为动摩擦，车轮的滚动减速变为滑行减速（车轮在车辆未停止前即被闸瓦抱死，在钢轨上滑行）。由于动摩擦系数远远小于静摩擦系数，此时的制动力将大大减小，制动距离延长，同时，轮轨之间还会产生大量的热量造成车轮踏面擦伤，因此，这是一种必须避免的事故状态。

（3）黏着状态。由于车轮和钢轨都是弹性体，在重力作用下，车轮与钢轨的接触面是一个椭圆形面（称为接触斑）。在制动时，车轮在钢轨上处于连滚带滑（主要是滚动）的状态，这种状态称为黏着状态。黏着状态下车轮与钢轨之间的最大水平作用力称为黏着力。而黏着力与轮轨间垂直载荷的比值称为黏着系数。依靠黏着滚动的车轮与钢轨黏着点来实现电动列车的制动称为黏着制动。黏着制动是上海轨道交通电动列车使用的摩擦制动方式。

根据实验证明，电动列车在弯道上的黏着系数有较大程度的降低。因此，在小半径曲线上进行制动时，车轮滑行的可能性就相应增大，尤其是高速时更为严重。当然除了弯道外，钢轨与车轮表面状态、车轮减载等因素都会对黏着系数有所影响。

3. 制动距离的概念

司机将电动列车控制手柄放置制动位的瞬时不能立即使制动闸缸的压力上升至要求压力，需要有一段响应时间。从控制手柄置于制动位开始，制动闸缸压力上升至要求压力的70%时，这段时间称为“空走时间”，而这段时间内电动列车所走的距离称为“空走距离”。制动闸缸压力达到要求压力的70%后至电动列车完全停止，电动列车所走的这段距离称为有效制动距离。而将控制手柄置于制动位时至电动列车完全停止，电动列车所走的这段距离称为制动距离。制动距离是反映制动系统综合性能的重要指标。

1.5.2 机械制动系统的作用和组成

1. 机械制动系统的作用

机械制动系统的制动力由压缩空气和弹簧力产生，且主要由压缩空气产生，因此又称气制动系统。机械制动系统有以下作用。

（1）在正常的制动过程中，如果电制动力不足，气制动可作为电制动的补充。

（2）当电动列车速度降低至一定值或紧急制动时，电制动被切除，所有制动力则由气制动来承担，直到电动列车停止。

2. 机械制动系统的组成

电动列车气制动系统是一套复杂的电控制气压传动系统，整个气制动系统由供气设备、气制动控制单元（BCU）、制动电子控制单元（BECU）和防滑装置、空气悬挂设备、其他气动设备等组成，如图1—84所示。

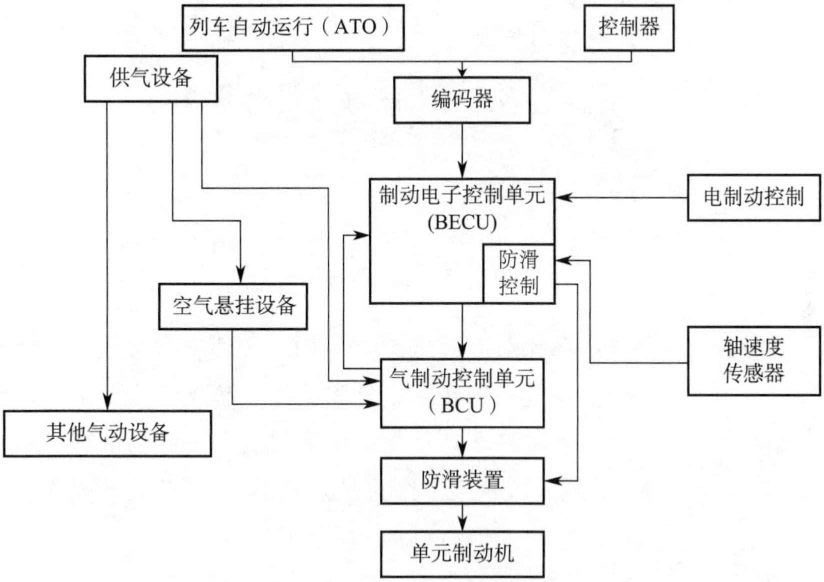

图1—84　制动系统原理图

1.5.3　供气设备的作用

供气设备包括空气压缩机（简称空压机）、干燥过滤器、储气缸等。

1. 空气压缩机的作用

城市轨道交通车辆是以三节车厢为一个单元，所以其供气系统也是以单元来设计的，每一单元设置一台空气压缩机。城市轨道交通车辆有两个单元时，在一台空压机失效的情况下，另一台空压机也足以确保电动列车正常运行至终点站退出运营。空气压缩机（见图1—85）是供气设备的重要组成部分，它向气制动系统和辅助系统提供工作所需要的压缩空气。

2. 干燥过滤器的作用

大气中总含有水蒸气，当超过饱和点（相对湿度100%）时，水蒸气将变成水滴、雾或雪。一般来说，随着温度的升高，空气能吸收的水分会更多。这就解释了空压机在压缩过程中，当温度上升时为何没有水分凝结，而只有当空压机中的冷却器发挥作

图 1—85　空气压缩机

用时才发生凝结。而气路要求在相对湿度低于 35% 时，才能减少腐蚀，系统才能有效地工作。因此，为了除去压缩空气中的多余水分和油分，保证相对湿度低于 35%，电动列车需要安装干燥过滤器。电动列车所使用的干燥过滤器一般为双塔式结构，如图 1—86 所示。双塔式干燥过滤器采取轮换工作的方法，即一个塔进行干燥作业时，另一个塔则进行再生作业。

图 1—86　双塔式干燥过滤器

3. 储气缸的作用

由于空压机输出的空气压力存在数值上的波动，储气缸（见图1—87）的作用是通过储存一定体积的压缩空气，便于测量和控制空气压力，调节用气量；同时，消除空压机运转时产生的压力波动，保证输出气流的连续性；此外，储气缸还可以进一步分离压缩空气中的水分和油分。

图1—87 储气缸

1.5.4 单元制动机的特点和类型

1. 单元制动机的特点

由于电动列车在车辆底架下需要安装大量的电气设备，因此，一般选用单元制动机作为基础制动装置。它的特点是结构紧凑，制动效率高，作用灵敏，容易做到少维修或在较长时间内无维修。同时，由于它带有间隙调整装置，能使闸瓦间隙保持在规定范围之内，因此，一般不需要进行人工调整。

2. 单元制动机的类型

电动列车所使用的单元制动机型号多样，但每台转向架上一般包含两种单元制动机，即不带停放制动的单元制动机和带停放制动的单元制动机，如图1—88、图1—89所示。在转向架上，这两种单元制动机各安装两套，并呈对角线布置。

带停放制动的单元制动机的工作原理和不带停放制动的单元制动机完全一样，只是它另外附带了停放制动功能。

图 1—88　不带停放制动的单元制动机

图 1—89　带停放制动的单元制动机

1.5.5 制动控制单元的作用

1. 制动电子控制单元的作用

制动电子控制单元是安装在每节车上的制动控制模块，为制动指令信号、气制动控制单元和牵引电制动提供接口服务，如图1—90所示。

图1—90 制动电子控制单元

（1）制动电子控制单元将接收到的制动指令信号转换成气制动控制单元控制指令，监控气制动控制单元的制动过程。

（2）制动电子控制单元接收牵引设备传来的关于电制动信号和车辆空气悬挂系统传来的关于车辆载重信号，分析信号并精确调整气制动控制单元的输出。

（3）制动电子控制单元与防滑系统相互配合，控制制动缸压力，将轮对打滑的可能性降到最低。

（4）制动电子控制单元具有故障监控及故障探查功能，连接上计算机后可进行故障诊断和维修。

2. 气制动控制单元的作用

气制动控制单元（见图1—91）是安装在每节车上的集成气制动控制模块，是气制动系统的核心。它接收制动电子控制单元的制动指令，然后指示单元制动机进行相应的制动施加和缓解动作。

图 1—91　气制动控制单元

气制动控制单元主要由模拟转换阀、紧急电磁阀、限压阀、中继阀及相关的压力传感器等组成。

1.5.6　防滑系统的作用

防滑系统用于车轮与钢轨黏着不良时对制动力进行控制。它的作用是防止车轮抱死，避免车轮滑动，最佳地利用黏着状态，以获得最短的制动距离。

防滑系统主要由防滑阀（见图 1—92）、速度传感器等组成。

图 1—92　防滑阀

技能要求

闸瓦间隙的检查与调整

操作要求

1. 选用合适的工具测量单元制动机闸瓦与车轮踏面的间隙（简称闸瓦间隙）。

2. 熟悉闸瓦间隙的标准值。

3. 选用合适的工具调整闸瓦间隙。

4. 作业结束，整理工器具清场。

5. 所有作业必须严格按照实训安全规范操作。

操作步骤

步骤1 电动列车落弓收车，进行制动。

步骤2 关闭故障车辆的制动风缸截止阀、停放制动风缸截止阀，让系统排气。

（1）西门子车型制动风缸截止阀为B9阀，B9阀安装在车厢座位底部，切断B9阀如图1—93所示。

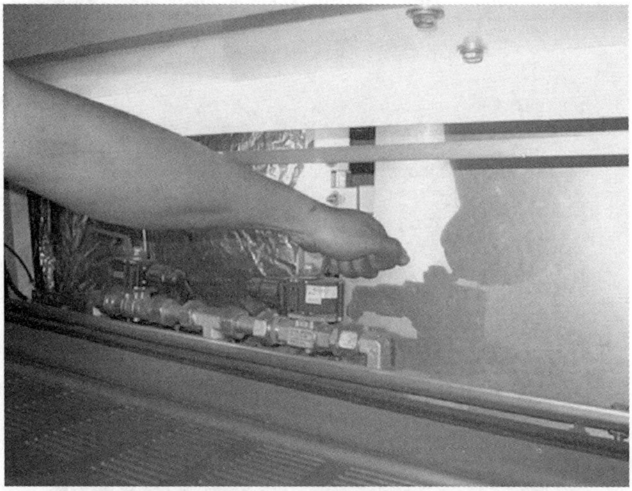

图1—93 切断B9阀

（2）阿尔斯通车型制动风缸截止阀为BC阀，停放制动风缸截止阀为PB阀，切断BC阀和PB阀如图1—94所示。

步骤3 系统压缩空气排光后，不带停放制动的单元制动机闸瓦将与车轮分离；而带停放制动的单元制动机还需要拉动停放制动缓解手柄，使闸瓦与车轮分离。

步骤4 用钢直尺测量闸瓦表面与车轮踏面间隙，测量时应沿水平中线进行，如图1—95所示。如果间隙尺寸不合格，需要进行调整。西门子车型闸瓦间隙标准值为（12 ±0.5）mm，阿尔斯通车型闸瓦间隙标准值为（10 ±2）mm。

图 1—94　切断 BC 阀和 PB 阀

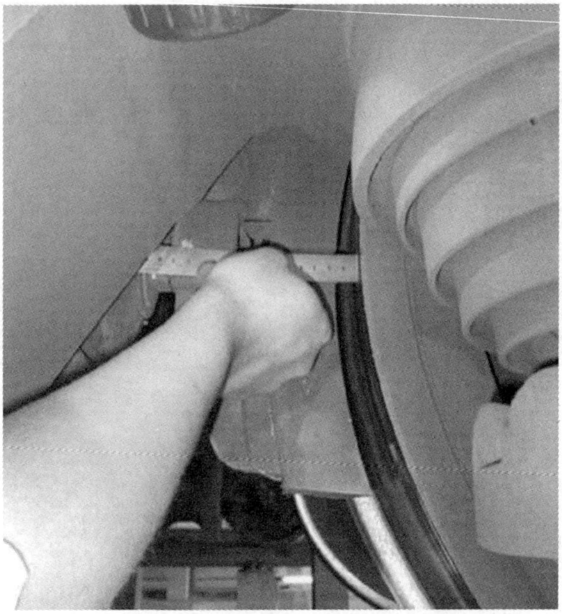

图 1—95　测量闸瓦表面与车轮踏面间隙

步骤 5　使用 55 mm 或 46 mm 的开口扳手旋转六角调整螺母，调整闸瓦间隙，如图 1—96 所示。其中，西门子车型使用 55 mm 开口扳手，阿尔斯通车型使用 46 mm 开口扳手。

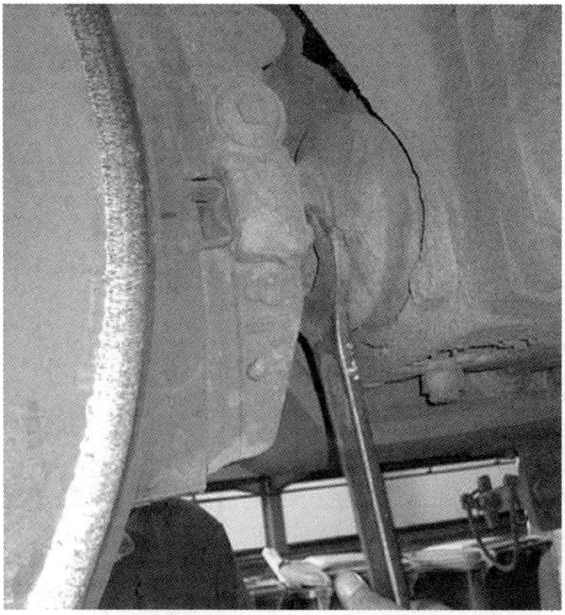

图1—96 调整闸瓦间隙

步骤6 重新测量调整后的闸瓦间隙，直到符合规定的尺寸要求。

步骤7 打开制动气源的制动风缸截止阀、停放制动风缸截止阀。

步骤8 在电动列车落弓状态下，在司机室手动施加、缓解制动数次。

步骤9 制动缓解后，再次测量闸瓦间隙，以符合规定的尺寸要求。

步骤10 整理工器具清场，操作完成。

1.6 空调系统

学习目标

了解制冷方式

掌握空调机组的结构、功能和原理

掌握电动列车空调系统的组成、结构和原理

知识要求

制冷是指用人工方法在一定时间和一定空间内将某物体或流体冷却，使其温度降低到环境温度以下，并且保持这个低温。

制冷方式有很多，常见的有以下四种：液体汽化制冷、气体膨胀制冷、涡流管制冷和热电制冷。其中，液体汽化制冷的应用最为广泛，它是利用液体汽化时的吸热效应实现制冷的。液体汽化制冷循环由制冷剂低压下汽化、蒸气升压、高压气液化和高压液体降压四个基本过程组成。蒸气压缩式、吸收式、蒸气喷射式和吸附式都属于液体汽化制冷方式。在实际使用中，蒸气压缩制冷机得到最广泛的应用。

1.6.1　蒸气压缩制冷机

1. 蒸气压缩制冷机的组成

机械制冷中所需机器和设备的总合称为制冷机。

制冷机中使用的工作介质称为制冷剂，又称制冷工质。

蒸气压缩制冷机主要由制冷压缩机、冷凝器、膨胀阀和蒸发器四个部件组成，并用管道连接形成一个封闭的循环系统，如图 1—97 所示。

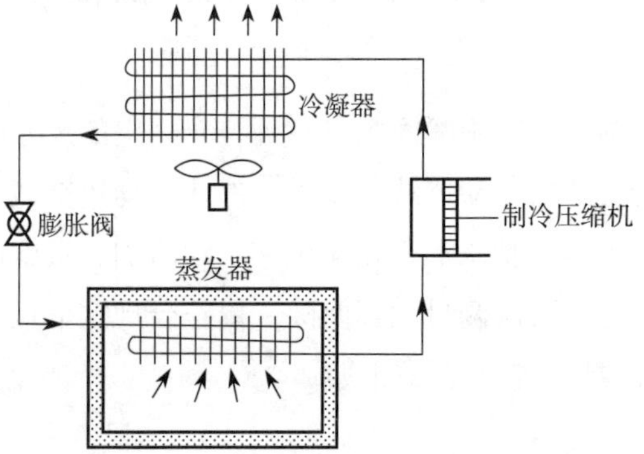

图 1—97　蒸气压缩制冷机的组成

2. 蒸气压缩制冷机的工作过程

制冷剂在封闭的制冷系统中要经历压缩、冷凝、节流和蒸发四个热力过程才完成一次制冷循环，如图 1—98 所示。

制冷剂液体在蒸发器中吸收被冷却物体的热量而气化成低压、低温的蒸气后被制冷压缩机吸入。制冷压缩机消耗一定的功率将制冷剂蒸气压缩成压力和温度较高的蒸气并排入冷凝器。高压、高温的制冷剂蒸气在冷凝器内被环境空气（或水）冷却，制冷剂放出热量而被冷凝成液体。由于制冷剂液体的温度还高于环境介质温度，必须将其温度降到低于被冷却对象的温度后送入蒸发器才能产生制冷效果。为此，先让高压、高温的制冷剂液体经过膨胀阀节流降压，同时，温度也降低，然后再进入蒸发器。在蒸发器中，低压、低温的制冷剂又吸收被冷却物体的热量，蒸发成低压、低温的制冷剂蒸气，再被制冷压缩机吸入，如此周而复始。

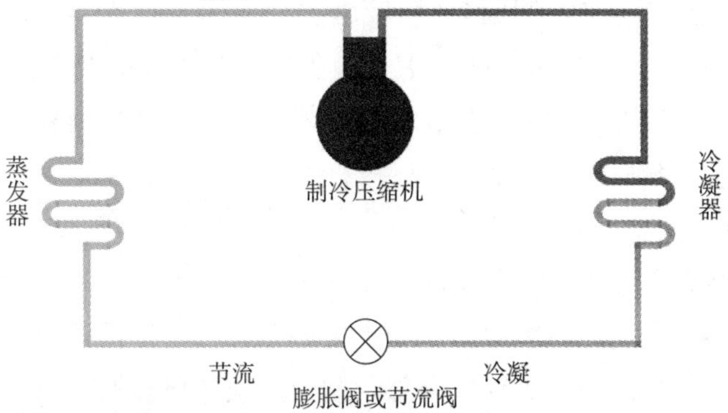

图1—98 蒸气压缩制冷机的工作过程

1.6.2 空调系统制冷部件

1. 制冷压缩机

制冷压缩机是蒸气压缩式制冷装置中的一个重要部件，它是推动制冷剂在制冷系统中不断循环的动力，起压缩和输送制冷剂蒸气的作用，因此，制冷压缩机（见图1—99）常称为蒸气压缩式制冷装置的主机。

根据制冷压缩机的工作原理不同，可分为容积型和速度型两大类。容积型压缩机主要有活塞式压缩机、螺杆式压缩机和涡旋式压缩机，它们分别通过活塞、螺杆和涡旋盘在气缸中运动所形成的可变工作容积来完成制冷剂蒸气的压缩和输送。速度型压缩机是指离心式压缩机，它是用高速旋转的叶轮使制冷剂蒸气产生压力，同时获得动能，然后再通过扩压器、蜗壳使蒸气的动能转变为压力能，从而完成压缩和输送制冷工质的任务。

图1—99 制冷压缩机

城轨车辆制冷装置的容量均属中小型范围，所以一般采用活塞式制冷压缩机、小型螺杆式制冷压缩机及涡旋式制冷压缩机。

2. 冷凝器

冷凝器是制冷系统中的主要换热器之一。在制冷过程中，冷凝器起输出热量并使制冷剂冷凝的作用。从制冷压缩机排出的高压过热蒸气进入冷凝器后，其在冷凝过程中将吸收的全部热量都传递给周围介质（水或空气）带走，包括从蒸发器、制冷压缩机及管道中所吸收的热量。制冷剂高压过热蒸气重新凝结为液体。

根据冷却介质和冷却方式的不同，冷凝器可分为水冷式冷凝器、空气冷却式冷凝器和蒸发式冷凝器。城轨车辆多采用空气冷却式冷凝器，如图 1—100 所示。

3. 节流元件

在制冷系统中，能够按一定需要向蒸发器中供应制冷剂液体的设备总称流量控制设备。流量控制设备是制冷系统中的一个重要部分，它应当保证向蒸发器送入充足的制冷剂液体，使蒸发器的冷却盘管内全部为制冷剂液体所浸润，以充分发挥蒸发器的制冷效能；同时，应保证在蒸发器出口处的制冷剂能全部汽化，不致因送入过量的制冷剂液体造成部分制冷剂液体来不及蒸发而随回气进入压缩机，发生“液击”使阀和密封元件损坏。

流量控制设备种类有很多，在轨道车辆制冷装置中多采用热力膨胀阀，如图 1—101 所示。

热力膨胀阀安装在冷凝器之后，除了利用蒸发器出口处制冷剂蒸气的过热度来调节制冷剂流量外，还对高压制冷剂液体起节流降压作用，使制冷剂一出阀孔就沸腾、膨胀成为低温湿蒸气，故又称节流阀。

图 1—100　空气冷却式冷凝器

图 1—101　热力膨胀阀

4. 蒸发器

蒸发器也是制冷系统中的主要换热器之一，是依靠液体制冷剂的蒸发（沸腾）来吸收被冷却介质热量的换热设备。它在制冷系统中的功能是吸收热量（或称输出冷量）。为了保证蒸发过程能稳定持久地进行，必须不断地用制冷压缩机将蒸发的制冷剂气体抽走，以保持一定的蒸发压力。同时，蒸发温度的高低又取决于其对应的蒸发压力。

根据冷却介质种类不同，蒸发器可分为冷却液体型蒸发器和冷却空气型蒸发器两大类。城轨车辆多采用冷却空气型蒸发器，如图 1—102 所示。

图 1—102　冷却空气型蒸发器

5. 辅助装置

在蒸气压缩式制冷装置中，除了必需的制冷压缩机、冷凝器、蒸发器和膨胀机构外，还有许多改善制冷系数和保证运转安全不可缺少的辅助设备。属于这类设备的主要有储液器、气液分离器、干燥器、过滤器、管道等。

（1）储液器。储液器又称储液筒，用于储存制冷剂液体。按储液器功能和用途的不同，分为低压储液器和高压储液器。高压储液器用于储存从冷凝器出来的高压制冷剂液体，以适应工况变化时制冷系统中所需制冷剂量的变化，并减少每年补充制冷剂的次数。高压储液器一般为卧式结构，高压储液器上应安装液位计、安全阀等，同时，应有气体平衡管与冷凝器相通，以利于液体流入储液器中。高压储液器的充灌高度一般不超过筒体直径的 80%。低压储液器仅在大型氨制冷装置中使用，用于存储低压液氨，其结构与高压储液器相同。

（2）气液分离器。气液分离器一般用于分离蒸发器所排出的低压蒸气中的液滴，可防止活塞式制冷压缩机的“液击”。

（3）干燥器和过滤器。干燥器只用在氟利昂制冷机中，装在液体管路中用于吸附制冷剂中的水分。干燥器一般安装于节流元件之前。

过滤器用于清除制冷剂中的机械杂质，如金属屑及氧化皮等。

在小型氟利昂制冷装置中，通常将干燥器和过滤器合二为一，称为干燥过滤器，如图 1—103 所示。

（4）管道。制冷装置中各单个设备或部件需要用管道连接才能构成完整的系统，制冷剂所产生的制冷量也要通过管道才能输送至需要制冷量的地方。若将制冷压缩机比作制冷系统的心脏，那么管道就是血管。因此，管道尺寸确定的正确与否直接影响制冷机的能力，甚至影响制冷机的正常运转。

管道采用的材质一般有铜管（不适于氨机）或无缝钢管。管道之间的连接采用焊接。

图 1—103　干燥过滤器

1.6.3　城市轨道交通车辆的空调系统

1. 影响车体卫生和乘客舒适性的因素

城市轨道交通车辆的运输任务是运送短途乘客，这就要求客室内要有清洁、舒适的环境条件。对于城市轨道交通车辆来说，影响车内卫生和乘客舒适性的主要因素是客室内的温度、相对湿度、空气洁净度和空气流速。

（1）客室内的温度。在正常气候条件下，只要能够使人体内产生的热量和向外界发散的热量保持平衡，人就感到舒适。而当热量平衡被打破时，就会使人感到不舒服。客室内的温度应能使乘客感到舒适。

（2）客室内的相对湿度。当人体周围的相对湿度较大时，将影响人体的蒸发散热，使人感到闷热。卫生学的观点认为：当人体周围空气温度在 26.7℃以下时，湿度对人体影响不明显；但当温度在 28℃以上时，空气的相对湿度对人体的影响就较为明显了。相对湿度使人感觉不舒适的极限值约为 70%。

（3）客室内的空气洁净度。在客室内，由于人呼吸产生二氧化碳，二氧化碳浓度将增加，当增加到一定数值后就会影响人的健康。另外，车内乘客携带的物品中产生的有害气体、空气中含有的灰尘等，都会使车内空气变污浊。这时就需要引入外界新鲜空气，以降低车内二氧化碳浓度；通过空气过滤来降低空气含尘量，以此来改善车内空气质量。

（4）客室内的空气流速。客室内的空气流速同样影响人体的散热。车内空气流速的增大可以加速人体表面的对流散热，尤其是当人体周围空气的温度和相对湿度都较高的情况下，增大空气流速会促进人体表面汗液的蒸发，从而增加散热效果，使乘客产生舒适的感觉。

根据上海地区的气象条件，当地面环境温度 35℃、相对湿度 70%、载客负荷 AW2（额定载客数，座位上坐满乘客，每平方米平均站立六个人）时，上海轨道交通车辆客室空调系统应满足的参数要求见表 1—2。

表 1—2　　上海轨道交通车辆客室空调系统的参数要求

参数	要求
客室内的温度	27℃
客室内的相对湿度	最大值 63%
客室内的空气含尘量	≤0.5 mg/m^3
客室内的空气流速	0.5 m/s（在 1.2～1.7 m 处） 最大不超过（0.7±0.2）m/s
风量	10 000 m^3/h
新风量	3 200 m^3/h

2. 城市轨道交通车辆的空气调节方式

空气调节就是把经过处理之后的空气以某种方式送入室内，使室内空气的温度、相对湿度、洁净度和空气流速控制在适当的范围内。

车辆客室内的空气调节应包括夏季对车外新鲜空气和车内再循环空气进行除尘、冷却、减湿及冬季对车外新鲜空气和再循环空气进行除尘、加热、必要时的加湿处理，并把处理后的空气以一定的流速送入车内，同时将车内的污浊空气排除至车外。因此，车辆客室空调装置应由通风系统、空气冷却系统、空气加热系统、空气加湿系统、自动控制系统等组成。

通风系统一般是指机械强迫通风，由离心式通风机、滤尘装置、送风道、回风道等组成。

空气冷却系统一般采用蒸气压缩式制冷设备的蒸发器作为空气冷却器。

空气加热系统由空气预热和客室加热两部分组成。在冬季，由于室外空气温度较低，因此，由送风机吸入客室内的空气必须经过预热处理。另外，客室内还安装加热装置，以补偿客室内的热损失，从而保证冬季车内空气温度达到要求。

空气加湿系统仅在某些对车内相对湿度要求较高的车辆内安装。

自动控制系统包括自动调节和控制各种空气参数的仪表和设备，它用于控制各个系统按照给定的调节方案协调地进行工作，以保证车内所要求的空气参数维持在一定范围内。

3. 城市轨道交通车辆的制冷循环系统

车辆上采用的空气调节装置有集中式和分散式两种类型。集中式空气调节装置是指一节车厢配有一套带通风、制冷、加热等系统的装置；分散式空气调节装置是指一节车厢安装多套空气调节机组（简称空调机组），因为每台空调机组常将压缩冷凝机组和空气冷却机组等组合在一起，故又称单元式。上海地铁多采用分散式空气调节装置。

城市轨道交通车辆空气调节的送风系统一般采用一次回风系统，如图 1—104 所示。所谓一次回风系统是指经过处理的空气一部分来源于新风（外界空气），一部分来源于客室内的回风，新风与回风在空气冷却器前混合。

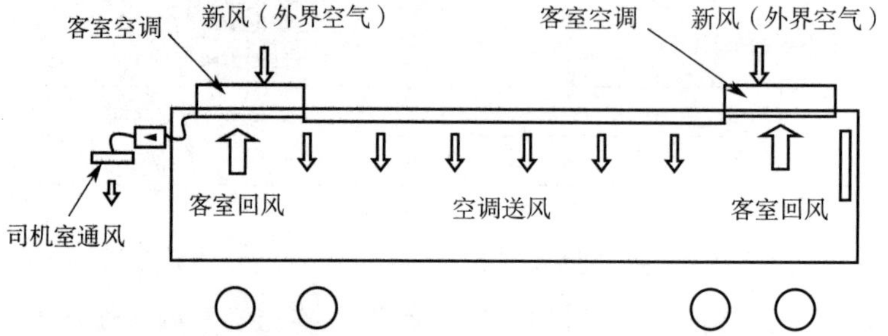

图 1—104　城轨车辆空气调节示意图——一次回风系统

客室空调机组主要由全封闭制冷压缩机、冷凝器、蒸发器、热力膨胀阀、储液筒等组成，这些部件通过管道、阀门等依次连接，形成一个封闭的制冷循环系统。另外，辅以冷凝轴流风机、离心式通风机等辅助部件，及对制冷系统进行安全保护的高压、低压继电器等元件，构成一个完整的空调机组，如图 1—105 所示。

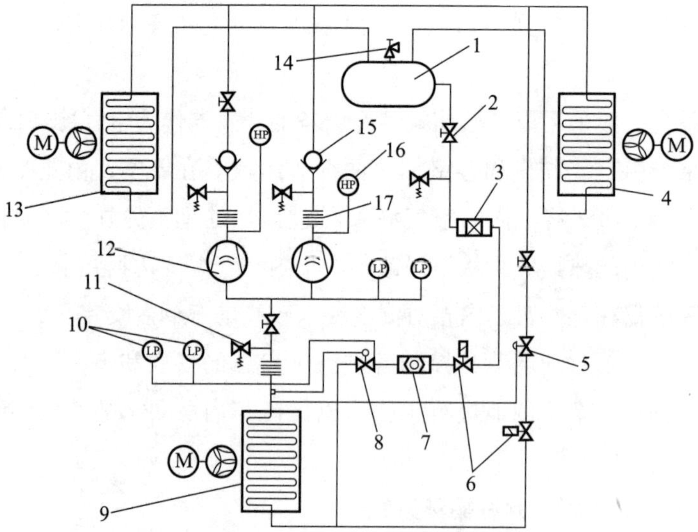

图 1—105　轨道交通车辆空调机组制冷循环流程图

1—储液罐　2—截止阀　3—过滤干燥器　4、13—冷凝器　5—热气旁路阀　6—电磁阀　7—视液镜　8—膨胀阀　9—蒸发器　10—低压表　11—限压阀　12—压缩机　14—进给阀　15—单向阀　16—高压表　17—软管

4. 城市轨道交通车辆空调系统的控制

每节车辆都设有两台单元空调机组，分别位于每节车辆车顶的两端。空调系统的启动、工作与监控都是由设在每节车辆电器柜中的空调控制单元来实施自动控制、自动调节及本单元制冷压缩机的顺序启动，以免多台压缩机同时启动时启动电流过大导致辅助逆变器负载过大而损坏。

空调控制单元是一个微型计算机处理系统，它是将各种功能模块板组合在一个标准的机箱中，通过专门设计的软件形成一个集控制、监控、诊断、故障存储与显示为一体的空调控制单元，并能通过标准的串行接口与计算机连接，实现人机对话、人工调试和控制空调机组的运行。空调设备柜及空调控制单元如图1—106所示。

图1—106　空调设备柜及空调控制单元

技能要求

读取、存储及删除空调系统故障信息

操作要求

1. 学会检查电动列车空调状态的方法，判断故障空调的位置。
2. 掌握空调控制软件的使用方法。
3. 学会读取、存储及删除空调控制单元内的故障信息。
4. 作业结束，整理工器具清场。
5. 所有作业必须严格按照实训安全规范操作。

操作步骤

步骤1　通过司机显示屏了解电动列车空调单元的状态，如果出现空调故障，应判断故障空调单元的位置。

步骤 2 打开车厢空调设备柜，通过 RS232 接口线将便携式计算机与空调控制单元相连，如图 1—107 所示。

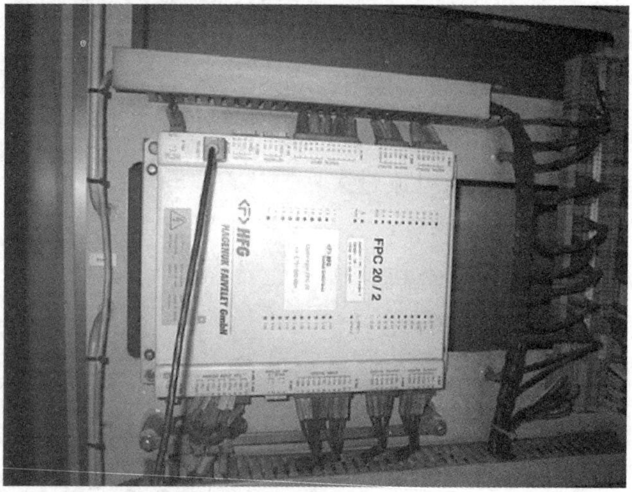

图 1—107 RS232 连接空调控制单元

步骤 3 读取、删除空调故障信息。

（1）打开计算机，进入 Windows 系统。

（2）双击桌面上的"ISP16"图标，启动空调维护软件，如图 1—108 所示。

图 1—108 启动空调维护软件

（3）在下拉菜单中选择"Fault（故障）"→"Read Fault Memory（读取故障）"，在"Save errors to（保存故障）"下单击"OK（确认）"，读取空调故障，如图 1—109 所示。

（4）在下拉菜单中选择“Fault”→“Erase Fault Memory（删除故障）”，在跳出窗口的“Password（密码）”处输入密码“eras”，单击“OK”，删除空调故障，如图1—110 所示。

图 1—109　读取空调故障

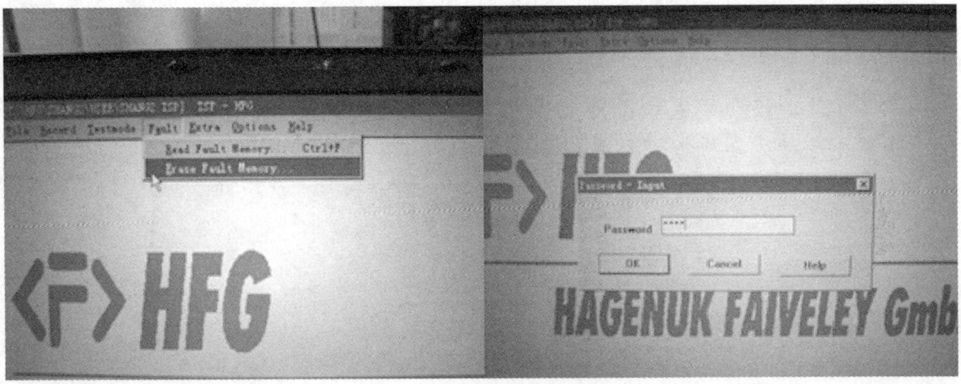

图 1—110　删除空调故障

（5）删除完成后在下拉菜单中选择“File（文件）”→“Exit（退出）”，退出软件，断开计算机与电动列车的连接线。

步骤 4　断开并复位一次空调控制空气开关，使空调控制单元重新启动，如图 1—111 所示。

步骤 5　整理工器具清场，操作完成。

图 1—111　重新启动空调控制单元

思考题

1. 请描述电动列车车体的基本类型、特征及组成。
2. 请描述电动列车三种客室车门的结构。
3. 请描述车钩缓冲装置的作用、特点和结构。
4. 请描述转向架的类型、特点、作用和组成。
5. 请描述电动列车机械制动系统的作用和组成。
6. 请描述电动列车空调系统的组成和基本工作原理。

第2章

电动列车牵引系统

城市轨道交通车辆牵引系统即主回路，是将“电力传动车辆”产生牵引力和制动力的各种电器、电动机、电子设备连成一个电系统，实现电动车辆的功率传输。它是电动列车最重要的组成部分之一。主回路应满足车辆启动、调速和制动三种基本工作状态的要求。三种基本工作状态是车辆传动系统必须完成的基本任务，而调速是基础。因为车辆牵引时需要根据不同的运行条件来调节车辆的速度，为了充分发挥车辆的功率，就要求车辆能在不同的线路和荷载条件下改变牵引力。因此，车辆主回路必须保证牵引电动机的转矩和转速都可进行调节，且有宽广的调节范围。

牵引系统有直流牵引传动系统和交流牵引传动系统两种形式。上海轨道交通1号线01A01型电动列车的主回路在改造前曾使用直-直传动装置，并采用斩波器调压的控制方法。它和传统变阻调压相比，具有节能、容易维修和连续、平滑可调的特点。上海轨道交通其他型电动列车均采用直-交传动装置，它和直流传动装置相比，具有很大的技术先进性。

2.1 牵引设备

学习目标

了解电动列车主回路的构成

了解电动列车牵引设备的种类

掌握电动列车各个牵引设备的作用和组成

能够识别主回路的主要部件

能够检查、更换牵引主回路设备

知识要求

2.1.1 直－交传动装置主回路

上海轨道交通01A03/02A01型电动列车采用直－交传动装置，与01A01型电动列车改造前采用的直－直传动装置相比，在电气方面的根本区别在于传动方式由直流传动变为交流传动。这一根本改变导致主回路更简单、可靠，省去了不少有触点的电气设备，如接触器等。由于交流电动机克服了直流电动机机械式换向器带来的弊端，因此故障率大大降低，维护方便，且成本低，质量轻，体积小，可靠耐用，能实现高性能无级调速，具有良好的牵引特性和制动能量反馈。

直－交传动装置的主要设备有受流器、避雷器、高速断路器、牵引逆变器、制动电阻器、滤波电抗器（或线路电抗器）、线路滤波电容器、交流异步牵引电动机等。其中，牵引逆变器是直－交传动装置主回路的核心部件，它安装在电动列车动车底部，其主要功能是为每节车两个动车转向架上的四个牵引交流电动机提供电源。主回路由输入电路、线路滤波器、预充电接触器、线路接触器、主逆变器、制动斩波器和保护装置等组成。除受电弓、避雷器、高速断路器、制动电阻器和牵引电动机外，其余部件均集中装置在一个牵引箱内。逆变器的开关器件IGBT（绝缘栅双极晶体管）（4.5 kV、3 kA）和续流二极管构成逆变器相模块，制动斩波器的IGBT（4.5 kV、3 kA）和续流二极管构成制动模块。

1. 供电电路

供电电路由一个线路接触器、两个预充电电阻器、一个预充电接触器和一个线路电感器组成，供电系统示意图如图2—1所示，图中PWM的意思是脉冲宽度调制。当接通电源后，系统首先通过预充电接触器和预充电电阻器为直流连接电路中的线路电容进行充电，预充电电阻器使充电电流控制在一定范围内，也使电容两端的电压上升率控制在一定范围内。

当电容两端电压达到一定数值（一般取线路电压的90%）时，线路接触器吸合，预充电接触器分开，这时，电源直接对电容进行充电。当电容两端电压达到线网电压时，直流连接电路的电压将与线网电压基本一致。

2. 直流连接电路

直流连接电路由两个电容、一个放电电阻和短路晶闸管组成。直流连接电路中的电容能稳定电压，吸收交流分量，并和线路电抗器组成线路滤波器。图2—2所示为直流连接电路示意图。

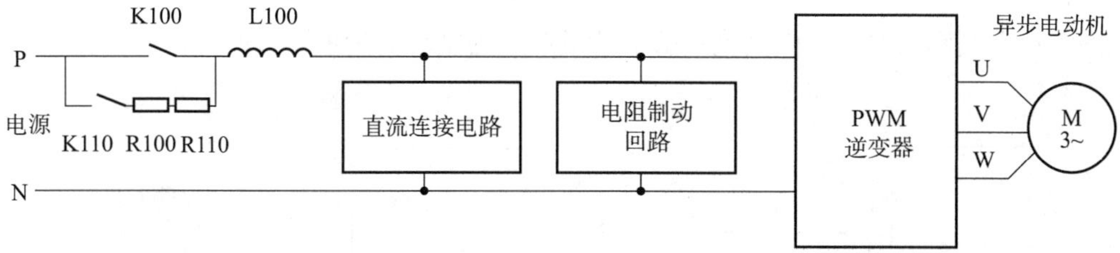

图 2—1　供电系统示意图

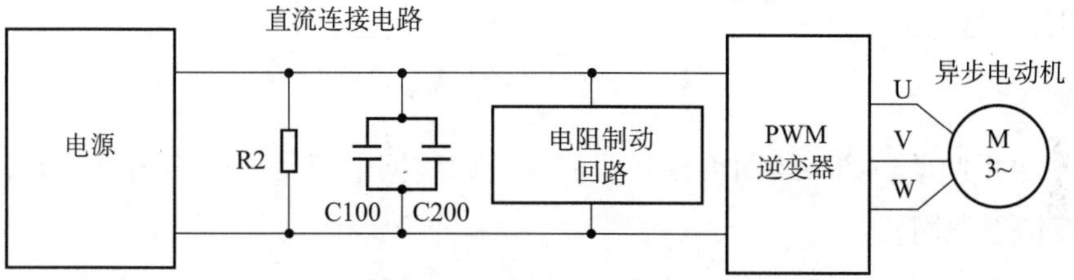

图 2—2　直流连接电路示意图

交流电动机工作的数学模型有以下各式。

视在功率：

$$S=\sqrt{3}\times U_{线路}\times I_{相}$$

有功功率：

$$P=S\times\cos\varphi$$

无功功率：

$$Q=S\times\sin\varphi$$

式中　S——视在功率，V·A；

$U_{线路}$——线路额定电压，V；

$I_{相}$——线路运行电流，A；

P——有功功率，W；

Q——无功功率，var；

φ——相位角，(°)。

交流电动机工作时的功率实际上由两部分组成，即有功功率和无功功率。一部分由电源提供有功功率，另一部分由电容器为交流牵引电动机提供无功功率，即为整个逆变电路提供功率匹配。

3. 电阻制动电路

电阻制动电路由制动控制模块及制动电阻器组成。图 2—3 所示为电阻制动电路示意图。在电制动的时候，由交流牵引电动机产生的制动能量可通过两种途径消耗。

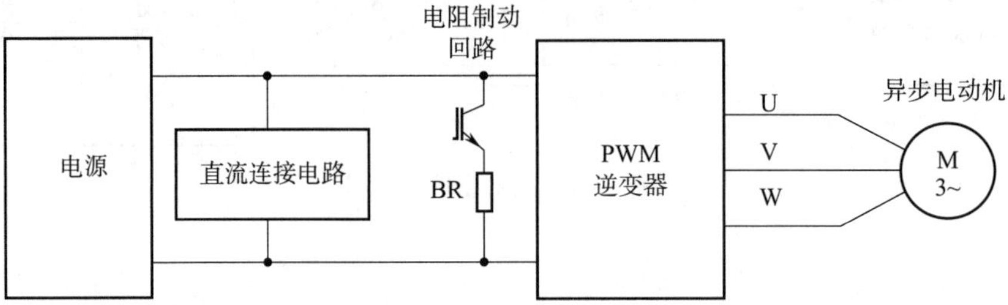

图 2—3　电阻制动电路示意图

（1）再生制动。如果线网可以吸收能量，即线网电压最高限额还没达到，制动能量可以反馈至线网。

（2）电阻制动。如果线网不能再吸收能量（线网电压已达最高限额），制动电阻电路受制动控制模块的控制，制动能量将被转换成热能消耗在制动电阻器上。制动控制是周期性的，这样可以保证直流连接电路的稳定。如果牵引系统的消耗大于由制动能量转换成的电能，直流连接电路将会处于放电状态，在这种情况下，系统将结束电制动。

电阻制动可以达到机械制动的水平，但不能完全让电动列车在满足制动距离的要求下停车，在一定速度下，交流牵引电动机无法产生能量时，制动电阻器也就失去了制动的作用，这时，电动列车需要机械制动来降低速度。

4. 逆变电路

图 2—4 所示为逆变电路示意图。

脉宽调制型逆变器由三个相模块组成。逆变器逐相导通，在输出端形成三相交流输出，供给牵引电动机。脉宽调制型逆变器输出电压的频率及幅值是可以调节的。相电压最大的幅值取决于中间电路电压。输出电压的幅值可以通过调节开关时钟的宽度来调节。输出电压的频率与逆变器输出频率是一致的。

一个逆变单元由六个开关型半导体元件组成，在早期 01A03/02A01 型电动列车的逆变器系统中采用 GTO（门极关断晶闸管）作为开关器件，后续引进的电动列车均采用 IGBT 作为开关器件。每个 GTO 或 IGBT 两端并联一个续流二极管，用来维持电动机电流的连续。对于交流电动机的三相来说，每两个 GTO/IGBT 和两个二极管组成逆变

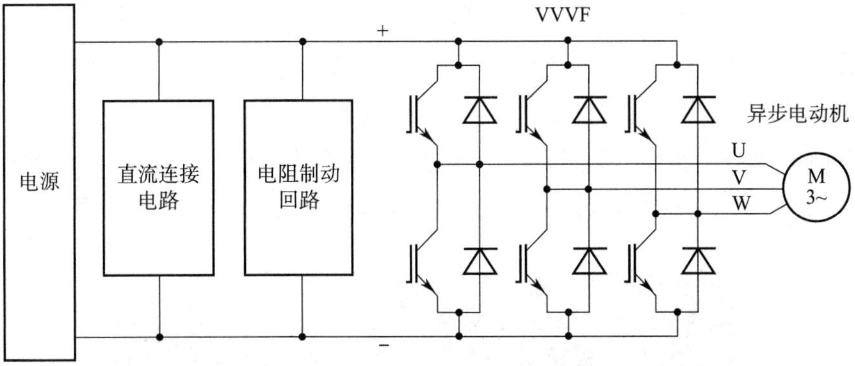

图 2—4　逆变电路示意图

相。每一逆变相都分别连接直流连接电路的正、负极，中间的引出端连接电动机的一相。

2.1.2　受流器

1. 受流器的分类

受流器就是接受供电的装置，是电动列车将外部电源平稳地引入车辆电源系统，为电动列车牵引设备和辅助设备提供电能的重要电气设备。一般城市轨道交通车辆采用 DC750 V 和 DC1 500 V 供电。根据线路供电方式的不同，受流器分为集电靴和受电弓两种形式。

（1）集电靴

1）集电靴的概念。集电靴又称三轨受流器，英文名 collector shoe，是指安装在电动列车转向架上，为电动列车从刚性供电轨（第三轨）进行动态取流（采集电流），满足电动列车电力需求的一套动态受流设备。通过对城轨电动列车的运行姿态、钢铝复合供电轨排布方式与特点、动态受流的技术要求、电气绝缘要求、动态受流的摩擦副匹配要求等进行系统性的研究，科学合理地选取摆动杆件的运动范围、受流摩擦副的接触正压力、受流滑靴的材料，科学合理地设计受流组件的结构及绝缘结构，满足电动列车的动态受流工况要求，减少集电靴的维护需求，实现电动列车的动态稳定与可靠受流，为电动列车的稳定运行提供电源保障。

2）集电靴的接触方式。集电靴是电动列车与接触轨进行连接的受电装置，通常设置于电动列车两侧车门下方，每个动车转向架两侧各设一个。它在使用时放下，不用时收起，犹如飞机的起落架。安装在动车转向架上的集电靴，其接触方式分为上磨式受流和下磨式受流。

①上磨式受流。上磨式受流即集电靴的滑块与第三供电轨上部接触滑行，如图 2—5 所示。集电靴从上向下压向第三轨轨面，从第三轨轨面受取电流，该种形式的接触力不由集电靴的质量和磨耗情况决定，而只受弹簧支座特性的控制，能减少在间隙和道岔等处的电流冲击。上磨式受流方式施工简单，费用较低，接触面积大且磨损小，检修方便，维护简单，使用寿命长，但线路速度不能太高，且不易加防护罩。

图 2—5　上磨式受流

②下磨式受流。下磨式受流即集电靴的滑块与第三供电轨下部接触，如图 2—6 所示。下磨式受流的优点是防护罩从上部通过橡胶垫直接固定在第三轨周围，安全性好，表面灰尘、杂物少，能遮挡雨雪，有利于防止下雪和冰冻造成的取流困难，受流效果比较好。但这种安装结构比较复杂，费用较高。

（2）受电弓。DC1 500 V 供电常常采用架空线接触网式，车辆采用受电弓（见图 2—7）受流。由于 DC1 500 V 供电方式电流小且线路压降低，能量损失少，会减少整个牵引系统的电流容量，因此很多城市轨道交通车辆采用 DC1 500 V 接触网供电，由受电弓受流。

受电弓分为双臂式、单臂式、垂直式和石津式四大类。城市轨道交通车辆一般采用单臂式受电弓。

1）双臂式。双臂式受电弓是最传统的受电弓，因其形状为菱形，又称菱形受电弓。但因其保养成本较高，加上故障时有扯断电车线的风险，部分新出厂的铁路车辆已改用单臂式受电弓，也有部分铁路车辆（如新干线 300 系列车）将原有的双臂式受电弓改造为单臂式受电弓。

图 2—6　下磨式受流

图 2—7　受电弓

2）单臂式。单臂式受电弓又称“之”字形受电弓。此款受电弓的好处是比双臂式受电弓噪声低，发生故障时也较不易扯断电车线，所以轨道交通车辆普遍采用该类型受电弓。

3）垂直式。除了上述两款受电弓，还有垂直式设计的受电弓，又称“T”字形（或翼形）受电弓，其低风阻的特性特别适合高速行驶，以减少行车时的噪声。所以，此款受电弓主要用于高速铁路车辆。垂直式受电弓成本较高。

4）石津式。石津式受电弓是由日本冈山电气轨道株式会社的第六代社长石津龙辅在 1951 年发明的，又称“冈电式”“冈轨式”。

各车辆制造厂的设计方式不同，在受电弓的设计上会有些许差异。

2. 受流器的作用

如前所述，受流器可以分为集电靴及受电弓两种形式，它们的作用都是将直流电源引入电动列车内。

集电靴实现电动列车从刚性供电轨（第三轨）进行动态取流，满足电动列车电力需求。

受电弓升起后四根（或两根）碳滑板与架空导线接触，可将直流电源引入电动车辆内。车辆运行时，碳滑板沿架空导线滑动并保持良好接触。

3. 受流器的主要部件及其作用

（1）集电靴。集电靴的结构如图 2—8 所示。

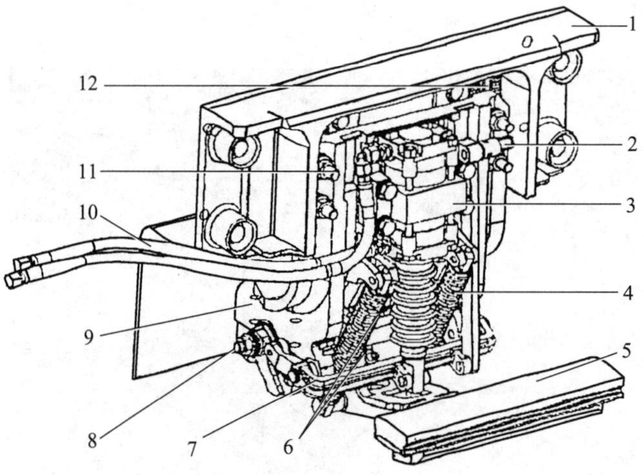

图 2—8　集电靴结构

1—绝缘底座　2—手动回退工具插入位置　3—气动回退装置　4—拉簧压力系统　5—碳滑板　6—集电靴止挡　7—回退柄　8—臂轴　9—调整支架　10—气管　11—调整螺栓　12—调整丝槽

集电靴主要部件的作用简单介绍如下。

1）调整支架。通过调整支架可以整体调整集电靴的高度，主要是调整臂轴的高度。

2）调整丝槽。调整丝槽共有 20 个丝槽，每两个丝槽间距离为 4 mm，调整范围为 80 mm，这主要是针对电动列车轮对磨耗来设计的。当轮对有磨耗时，可以通过调整集电靴在丝槽上的位置来调整臂轴的高度。

3）手动回退工具插入位置。通过在手动回退工具插入位置插入绝缘棒，可以实现集电靴手动升靴、降靴。

4）拉簧压力系统。拉簧压力系统用来保持集电靴升靴所需要的力。

5）集电靴止挡。集电靴止挡有升靴止挡和降靴止挡。集电靴止挡主要是调整集电靴升靴、降靴的极限高度。集电靴升靴止挡有刚性止挡和橡胶止挡。刚性止挡主要起止挡作用，橡胶止挡主要起缓冲作用。因为受流臂较长，所以橡胶止挡最好高于刚性止挡5 mm。

6）气动回退装置。气动回退装置主要由集电靴气缸和回退柄组成，气动控制集电靴的升降。

受流臂采用弱连接结构，当滑块在运行轨道上受到意外障碍时，为了保护整个受流器和与之连接的转向架，首先断裂的是集电靴的靴臂，因而不影响车辆的正常运行。

为了防止短路、保护车体和转向架，集电靴上都安装熔断器，如果短路电流超过熔断器的分断能力，熔断器的熔丝会熔断，从而保护了其他电气部件。

集电靴受流器配备了手动回退操作装置，可以进行集中回退操作，同时配备了绝缘操作手柄，必要时可进行手动操作。

（2）受电弓。每节Mp车的车顶安装一台单臂受电弓。单臂受电弓由受电滑板、活动构架（除了弓头和底架的中间部分）、带传动机构的底架等组成，如图2—9所示。以气动受电弓为例，部分部件的作用见表2—1。

表2—1　　气动受电弓部分部件的作用

部件	作用
受电滑板	接受接触网的电能，并能自动地调整与接触导线的位置
活动构架	保证受电器经常处在工作高度内，使滑板对接触导线保持一定的压力，不脱弓，也不刮弓
带传动机构的底架	供受电弓安装和升降传动之用

底架供受电弓安装之用时，通过四个支持绝缘子安装在车顶上，支持绝缘子起电气隔离和机械支承作用。集电头上安装四根滑板，滑板两端的弓角可防止在接触网分叉处接触导线进入滑板底下造成刮弓事故。弓头是受电弓与架空导线接触的部分，它主要由滑板（碳条）、转轴、弓角、弹簧盒组成。上部导向杆可调节弓头接触面的位置。

4. 受流器的特性

（1）集电靴。在允许的运行速度范围内，滑靴与接触轨的良好接触是电动列车稳

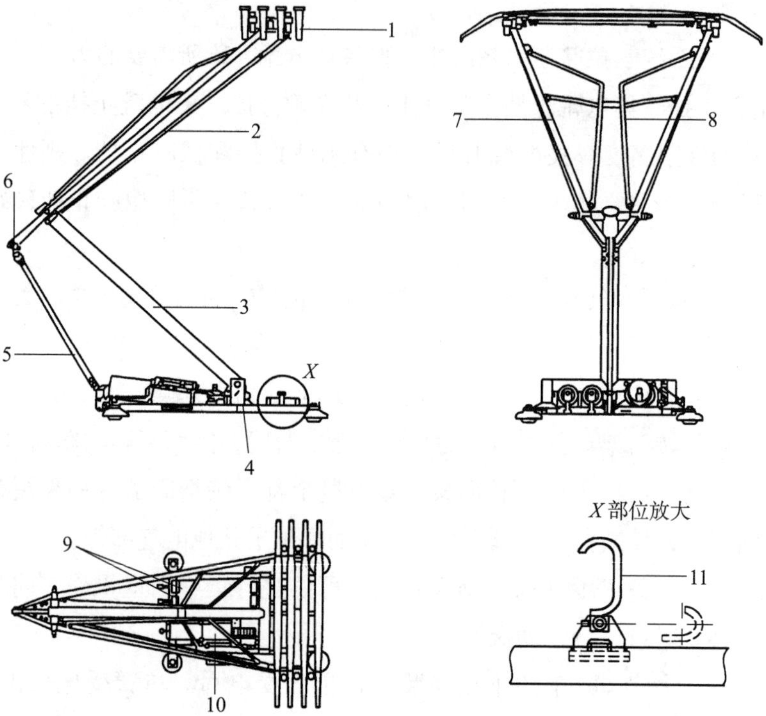

图 2—9 单臂受电弓

1—受电滑板 2—上部导向杆 3—下臂杆 4—底架 5—推杆 6—活动接头 7—上部杠架 8—支承架 9—升弓弹簧 10—传动气缸 11—落弓固定钩

定运行的前提。如果接触不良，一方面会导致供电不稳，滑靴和接触轨表面因电弧造成烧蚀，对车辆、牵引变电站构成潜在危险，对其他电子信号设备也会造成干扰；另一方面会导致接触轨过度磨损，滑靴频繁损坏和更滑。

集电靴的受流性能取决于集电靴与接触轨的动态接触状态，良好的动态接触状态需要一定的接触面积和接触压力，新集电靴碳滑板的接触表面积为 184.5 cm^2，接触压力为（120 ± 24）N。

（2）受电弓。受电弓的受流性能与接触压力有关。在静止状态下，接触压力与受电弓高度之间的关系称为受电弓的静特性。实际车辆运行时，受电弓随架空接触导线高度的变化而上下运动。因此，接触压力不但与受电弓的静特性有关，而且与受电弓上下运动时的惯性力即受电弓的动特性也有关。

1）静特性。静特性是指受电弓滑板对导线的接触压力与滑板距底架高度的关系。静态接触压力调整范围为（120 ± 10）N。

2）动特性。受电弓受流的稳定性不仅取决于它的静特性，也取决于它的动特性。动特性决定于受电弓在垂直方向的加速度及它上下运动时的惯性力，其中后者与受电弓活动部分的质量有关。加速度是由接触导线高度突然变化所引起的。为了改善动特性，应尽量减少受电弓本身活动部分的质量。

此外，受电弓结构各关节的摩擦力对接触压力也有影响。

2.1.3 避雷器

1. 避雷器的作用

雷电过电压和操作过电压的电压等级较高，单纯依靠提高设备绝缘水平来承受这两种过电压，不但在经济上是不合理的，而且在技术上也是很难实现的。目前采用的办法是安装专门限制过电压的电器，将过电压限制在合理范围内，然后选用相应绝缘水平的设备。避雷器是其中最主要的一种限制瞬间过电压的电器，包括限制雷电过电压和操作过电压。避雷器的保护特性（避雷器在过电压作用下的残压值）是被保护设备绝缘配合的基础，改善避雷器的保护特性可以提高被保护设备运行的安全可靠性，也可以降低设备的绝缘水平，从而降低造价。

避雷器是一种能吸收过电压能量、限制过电压幅值的保护设备，使用时将避雷器安装在被保护设备附近，与被保护设备并联，利用电阻片优异的非线性伏安特性（低电压时呈高阻态，高电压时呈低阻态）来实现过电压保护。在正常情况下，避雷器不动作；当作用在避雷器上的电压达到避雷器动作电压时，避雷器导通，大电流通过，避雷器吸收过电压能量，并将过电压限制在合理范围内，保护电动列车电气设备。在释放过电压能量后，避雷器会自动恢复到不导通的正常工作状态。

每节带受电弓的动车安装一个避雷器。

2. 避雷器的结构

避雷器是封装型聚合体，其结构如图2—10所示。

（1）金属氧化物电阻。避雷器的有功元件为金属氧化物电阻，它安装在气密的聚合物复合壳体（带硅酮橡胶敷层的纤维增强塑料管）中。

（2）聚合物复合壳体。聚合物复合壳体由两个主要部件组成。一是保证高机械强度的纤维增强塑料管。避雷器过载时，塑料管不会断裂，保证避雷器出现故障时无零件脱落。二是高温交叉耦合的硅酮橡胶敷层，其疏水性可保证壳体表面的放电量维持在最小值，即使在污染条件下，也能保证良好的操作特性。

（3）法兰。法兰（某些情况下带整体式瓦斯分流器）由防腐蚀的轻合金制成，并与聚合物复合壳体耦合。抗紫外线和臭氧的密封环以及耐腐蚀过渡板保证长久良好的密封性。避雷器的下部备有一个压力释放隔膜和一个瓦斯分流器。如果避雷器过载，该压力释放隔膜将在达到一定压力值时打开，成为聚合物复合壳体压阻力的一部分。在这种情况下，气流将被导向附于避雷器上部法兰的消弧角上，这样电弧可延伸到壳体外部，直到馈线断电。

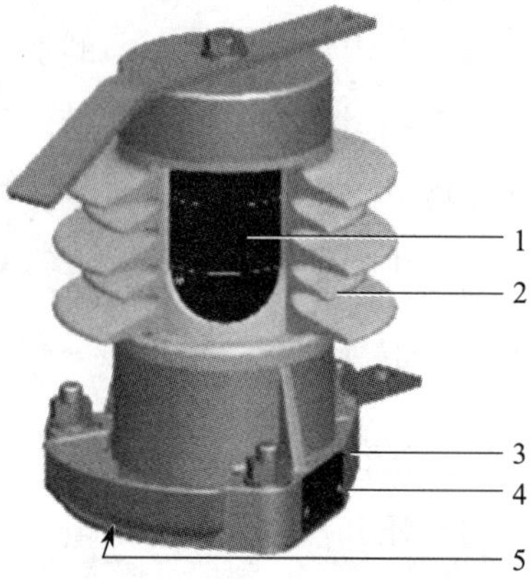

图 2—10　避雷器的结构

1—金属氧化物电阻　2—聚合物复合壳体
3—带瓦斯分流器的法兰　4—过渡板　5—灭弧孔

避雷器位于高压线路和轨道回流之间，为了实现避雷器安全、可靠的功能及最佳保护效果，避雷器必须有效接地（低接地电阻，短接地连接）。避雷器的法兰底部备有一枚 M12 螺栓，通过平垫圈和弹簧垫圈实现可靠接地。为了不降低避雷器的保护等级，接地连接应尽可能短及直（考虑导体的最小横截面）。

3. 避雷器的技术参数

金属氧化物电阻为高度非线性，即它们拥有尖锐的电压 - 电流扭转特性。因此，在某一电压值以下时，只有少量漏泄电流流过避雷器。

避雷器设计为在正常连续电压条件下，只有约 1 mA 的泄漏电流流过。当承受雷电过电压或操作过电压时，电阻器可导电，这样可使浪涌电流流向大地，电压减为经过避雷器的压降值（剩余电压）。当承受操作过电压时，浪涌电流可高达 500 A；当承受雷电过电压时，其值为 1 ~ 5 kA，甚至高达 10 kA。

避雷器的技术参数见表 2—2。

表 2—2　　避雷器的技术参数

项目	技术参数
系统电压	DC1 500 V
额定工作电压	DC2 000 V
连续工作电压	DC1 900 V
额定放电电流	10 kA
最高脉冲电流	100 kA

续表

项目	技术参数
长时间持续电流脉冲能力	1 200 A
线路放电等级	4
热量释放能力	20 kJ
单次脉冲能量放电能力	11 kJ
短路电流	40 kA
绝缘片数量	3
高度	191 mm
质量	5. 9 kg
最小爬电距离	248 mm
闪络距离	100 mm
雷电冲击耐受电压	55 kV
电源频率耐压电压	23 kV

4. 避雷器的类型

目前，上海轨道交通电动列车使用的避雷器分为有间隙和无间隙的两种金属氧化锌避雷器。

（1）有间隙金属氧化锌避雷器。有间隙金属氧化锌避雷器的基本元件由火花间隙和氧化锌非线性电阻片（简称 ZnO 阀片）组成，这些元件串联叠装在密封的瓷套或其他绝缘材料外套内，组成有间隙避雷器。

有间隙避雷器在正常工作时，因为间隙的存在，平时避雷器金属氧化锌阀片并无电流流过，延缓了阀片的老化速度，在操作过电压和大气过电压下正常动作；当过电压通过避雷器时，先是间隙被击穿，然后通过阀片吸收导通大电流，使被保护的设备电压限制在避雷器的残压范围之内。

优点：暂态过电压承受能力强；不会因阀片的损坏引起避雷器短路；对阀片测试筛选要求相对较低。

缺点：因有间隙存在，保护动作响应时间较长；方波通流容量较小，一般小于 200 A；无相应的检测装置。

（2）无间隙金属氧化锌避雷器。无间隙金属氧化锌避雷器在正常工作时，阀片一直承受线路电压（阀片仅流过微安级泄漏电流），能在系统过电压、操作过电压、大气过电压下可靠动作，保证系统的良好运行。

优点：因其拐点电压较低，保护动作响应时间短，泄放雷电流时间小于 100 μs，放电后立即恢复到可进行再次动作能力，具有连续雷电（连续雷电是指两次雷电入侵波间隔时间为数百至数千微秒）、雷电陡波冲击保护能力；方波通流容量较大，可达到 600 A。

缺点：暂态过电压承受能力差；阀片的损坏会造成短路。

2.1.4 高速断路器

1. 高速断路器的作用

HSCB（高速断路器，见图 2—11）用来接通和分断轨道交通车辆的高压主电路，是电动列车的主要电气保护装置，被设计用于检测到过电流后快速切断主电路与线网之间的连接，在拉弧时以紧密的恒定过电压立刻消除电弧。

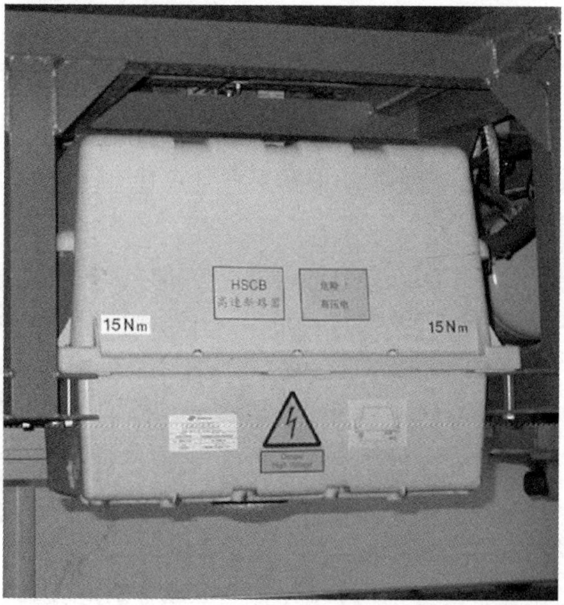

图 2—11 高速断路器

高速断路器装在带受电弓的动车上，它垂直悬挂在电动列车下方，并装在一个封闭绝缘的箱子中。高速断路器的电源连接通过电缆或铜排建立（安装孔直径为 14 mm）。

Mp 车和 M 车中的 VVVF（变压变频）逆变器通过 HSCB 与来自受电弓的高压电源

相连。在出现严重干扰的情况下，如过电流、逆变器故障或线路短路时，使用闸刀开关可以切断特定受电弓到相关高速断路器及 VVVF 逆变器之间的电源。

也可以按下司机操作台上的合主断按钮或分主断按钮来手动控制 HSCB 的闭合和分断。在启动电动列车的过程中，先将受电弓升起后，再操作驾驶台上的合主断按钮闭合高速断路器；而在收车的过程中，先分断高速断路器，然后再执行降弓操作。

高速断路器的特性曲线给出了电压、电流变化的波形。

2. 高速断路器的主要部件

UR6 是一种单极、双向电磁控制和自然通风冷却的直流线路断路器。过电流（短路等）后较短的反应时间意味着它必然适合保护直流装置。UR6 - 32TDS 型高速断路器具有断流容量高、对地绝缘性能好、受气候环境影响小、结构紧凑、密封性好、体积较小、使用寿命长、易维修等优点。

UR6 - 32TDS 型高速断路器主要由主电路（线排）、灭弧罩、闭合装置、辅助触点、跳闸装置五个部件组成。高速断路器主要部件如图 2—12 所示。

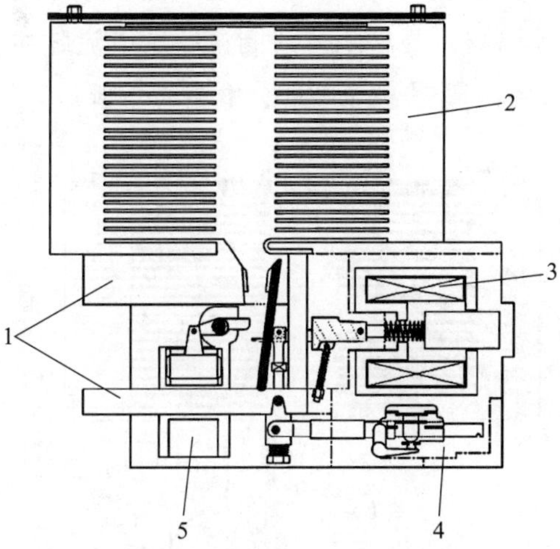

图 2—12　高速断路器主要部件

1—主电路　2—灭弧罩　3—闭合装置　4—辅助触点　5—跳闸装置

（1）主电路。主电路安装在一个由硬化玻璃聚酯纤维做的绝缘构架上，包括一个具有动触点的下部连接杆和一个作为固定触点的上部连接件。主电路的闭合是由闭合装置控制的。叉子推动动触点，朝上部连接件的方向运动。

（2）灭弧罩。灭弧罩由一套抗电弧的绝缘板组成，该绝缘板包括脱离子剂、金属板及导流片。上述各组件通过一块顶板进行封固，并通过螺栓安装在灭弧板上。

（3）闭合装置。闭合装置由一个包括闭合线圈的磁路组成。电磁回路包括一个固定部分和一个活动部分。固定部分包括缸体、前板和后板。活动部分包括推杆、接触压力弹簧和闭合杆，叉子安装在闭合杆上。闭合线圈和电磁回路组装后安装在闭合装置箱体内，使用闭合装置盖板封闭。

（4）辅助触点。辅助触点包括六副安装在辅助盒中的双触点开关。这些开关由连杆带动并由动触点通过导向装置控制。导向装置包括中心套、叉头和销子。高速断路器的辅助触点根据主触点的动作改变开闭状态，其目的是把状态信息传递至控制回路。

（5）跳闸装置。跳闸装置包括一个层压磁板、一个动磁铁及一个控制杆，其中控制杆由两个弹簧支承，通过调整弹簧来调节跳闸装置的反应临界值。跳闸装置是圆环形的，安装在下部连接件的周围。

3. 高速断路器的工作原理

高速断路器主电路和闭合装置的结构如图 2—13 所示。弹簧作用在引导机构上的持久压力维持了动触点和下连接之间的机械及电气连接。闭合装置由磁电路组成，包括闭合线圈。为了闭合断路器，要给闭合线圈送一个电流脉冲，以形成一个吸引叉子动作的磁场，从而闭合动触点。若磁场减弱，电路就会断开。

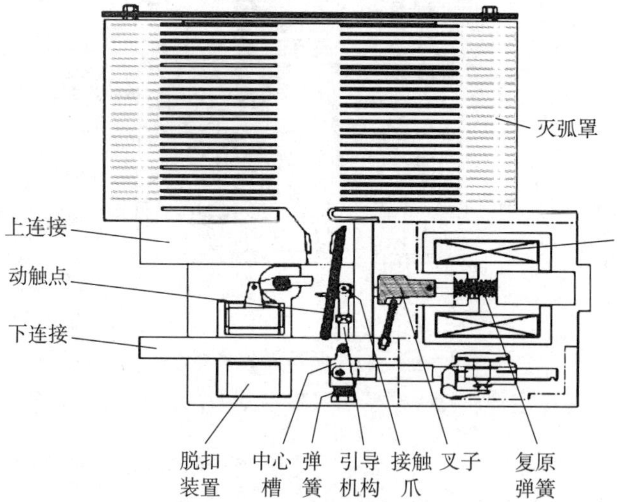

图 2—13　高速断路器主电路和闭合装置的结构

当电流值因故障超过其整定值时，高速断路器脱扣装置动作，叉子会被迫向下运动，接触爪被释放，主触点断开。

触点带电分断产生电弧的过程分为引弧、分隔、冷却、熄弧。触点断开导致电弧通过主电路的磁场被吸入灭弧罩中，灭弧罩中的金属挡板将电弧分成许多串联的电弧，两个挡板之间的电压约为 40 V。

2.1.5　逆变器（VVVF 系统）

1. 逆变器的作用

由受电弓将接触网 1 500 V 电源引入主回路，滤波电路可平抑逆变和斩波造成的电网电压、电流的波动和减少谐波。逆变电路的三个相模块组成的逆变桥进行 VVVF 变换，在牵引时将直流电逆变成三相交流电，供牵引电动机启动、加速。电制动时，电动机工作在发电机状态，将动能转变为电能，由逆变桥将三相交流电整流为直流电，通过受电弓送至电网，实施再生反馈制动。当不能进行再生制动时，通过制动斩波器将电能消耗在制动电阻器上，即转化为热能散发。

2. 逆变器的主电路

牵引逆变器电路示意图如图 2—14 所示。逆变器的主电路按功能分为供电电路、直流连接电路、电阻制动电路、逆变电路，其主要部件是大功率半导体开关元件，主要有 GTO、IGBT、IPM（智能功率模块），在工作时需要用散热器冷却。

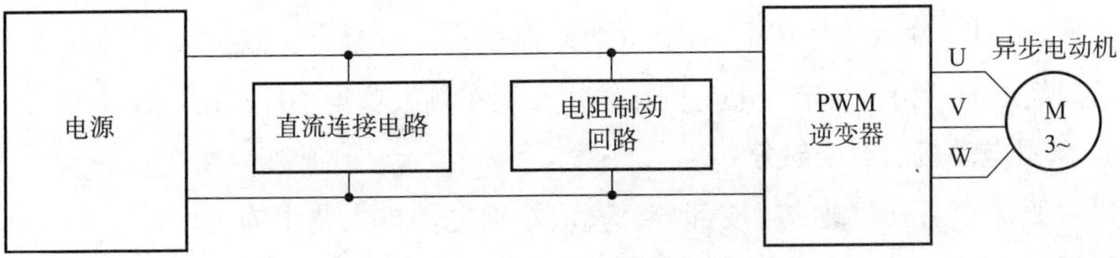

图 2—14　牵引逆变器电路示意图

3. 逆变器的特点

城轨车辆的逆变器通常安装在车底，受体积、质量的限制而采用模块化设计，即将同一桥臂上的元件或整个逆变器安装在一个模块上，用一个公共的大散热器散热。散热器基本可分为整体翅片式散热器和热管散热器两种。整体翅片式散热器的材料使用铝。热管散热器的基板及热管的材料使用铜，散热翅片材质为铜或铝，内部循环水或其他媒介。

散热器散热一般采用风冷方式，分强迫风冷和自然风冷。强迫风冷需要风道和风机。模块散热片置于冷却风道中。一般采用内外双风道，用外风道来冷却内风道部件，可以避免风道中的部件被尘埃等污染。因此，在维修中应注意风道的清洁及冷却风机的保养。自然风冷利用电动列车的走行风冷却。

同时，在模块设计中，为保证在换流时被关断元件上的过电压尽量小，要求主电路的杂散电感尽量小，因此，在布置上尽量缩短主电路连线，并采取降低电感的措施，如采用叠层母排，使母排上的“互感”相互抵消；滤波电容的内部电感尽可能小。

2.1.6 牵引电动机

1. 牵引电动机的分类

城市轨道交通车辆上应用最广泛的牵引电动机是直流牵引电动机（简称直流电动机）和交流牵引电动机（简称交流电动机）。

多年来，直流牵引电动机一直作为各种轨道交通车辆的主要牵引动力。因为它具有启动性能好、调速范围宽、过载能力强、功率利用充分、运行较可靠且控制简单等优点。但由于直流牵引电动机必须通过换向器才能工作，除结构较复杂、质量大外，它的维修工作量也较大，因此，直流牵引电动机的发展和使用受到了很大限制。

20 世纪 80 年代开始，随着电力电子技术和计算机技术迅猛发展，特别是采用大功率自关断电力电子器件（如 GTO）和计算机模块化控制后，交流电动机变压变频控制得以实现。因此，具有结构简单、单位功率体积小、质量轻、制造成本低且维修方便等一系列优点的三相异步牵引电动机在轨道交通车辆上获得了广泛的应用。

2. 牵引电动机的组成部分

（1）直流牵引电动机的组成部分。直流牵引电动机主要由静止的定子和旋转的电枢（转子）两大部分组成。定子的作用是产生磁场、提供磁路和作为电动机的机械支承，它由主磁极、换向极、机座、端盖等部件组成。电枢是用来产生感应电动势和电磁转矩而实现能量转换的主要部件，它由电枢铁芯、电枢绕组、换向器、转轴等组成。电枢通过轴承与定子保持相对位置，使两者之间有一个空气隙。此外，直流牵引电动机还有一套电刷装置，电刷和换向器接触使电枢电路和外电路相连。

（2）交流牵引电动机的组成部分。交流牵引电动机主要由固定部分和旋转部分组成，其中，固定部分称为定子，旋转部分称为转子。定子和转子之间有一很小的间隙称为气隙。定子的两端还有端盖。

1）定子。定子由定子铁芯、定子绕组和机座三部分构成。定子与机座剖面如图 2—15 所示。

定子铁芯的作用是作为电动机中磁路的一部分和放置定子绕组，减少旋转磁场在铁芯中引起的损耗。铁芯一般用导磁性好的电工硅钢片叠成。

在定子铁芯内圆周表面冲出许多形状相同的槽，用于嵌放定子绕组。定子绕组是电动机的电路部分，主要作用是产生旋转磁场，以实现机电能量转换。

机座的作用主要是固定和支承定子铁芯，要求有足够的机械强度和刚度。定子与端盖如图 2—16 所示。

2）转子。转子由转子铁芯、转子绕组、转轴等组成，转子与风扇外观如图 2—17 所示。

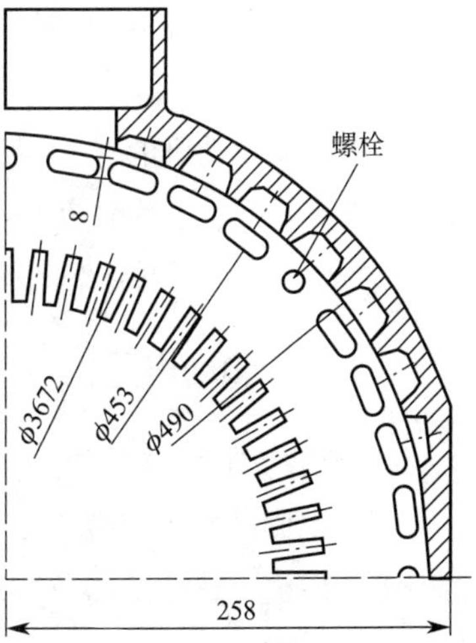

图 2—15　定子与机座剖面

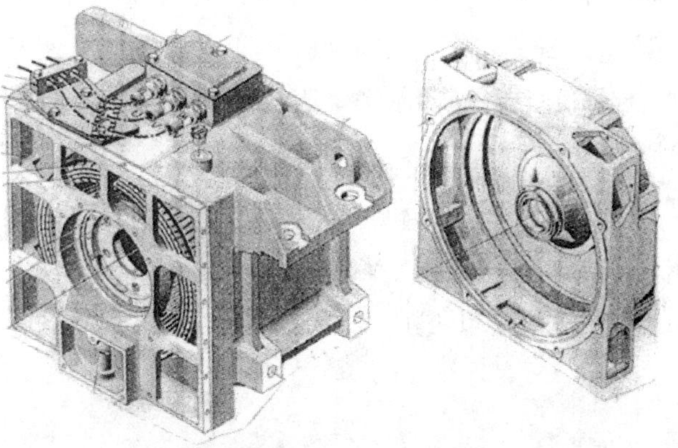

图 2—16　定子与端盖

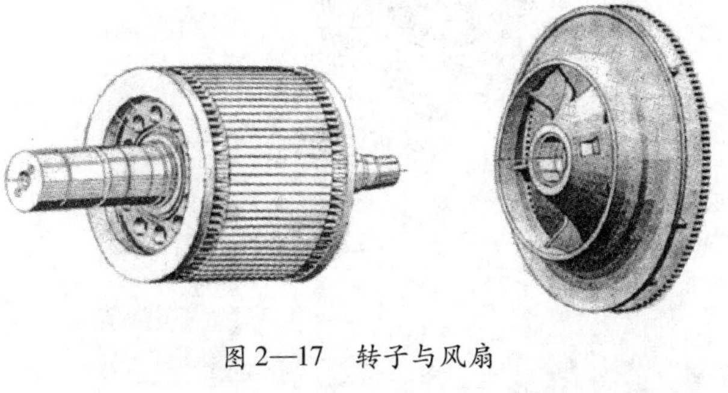

图 2—17　转子与风扇

转子铁芯作为电动机磁路的一部分，一般由电工硅钢片叠成。铁芯安装在转轴上。转子铁芯上开有槽，以供放置或浇注转子绕组。

转子绕组的作用是产生感应电动势、流过电流和产生电磁转矩，其结构有鼠笼式和绕线式两种。

交流牵引电动机的转子绕组不必由外界电源供电，可以自行闭合而构成短路绕组，工艺简单。每个转子槽中插入一根导条，在伸出铁芯两端的槽口处，用两个端环分别把所有导条连接起来。如果去掉铁芯，整个绕组外形就像一个“鼠笼”，所以称为鼠笼式转子。

2.1.7 制动电阻器

1. 制动电阻器的作用

制动电阻器用于城市轨道交通车辆的电阻制动，承担电动机电流中不能再生的那部分制动电流，该电阻器应有足够的容量来承受持续100%的制动负载，直到电动机电压升到极限。

制动电阻器虽然是牵引逆变器系统的一部分，但并不安装在牵引箱内。制动时，电动机转换成发电机状态运行，将车辆的动能转变为电能，由逆变桥将三相交流电整流为直流电，通过受电弓送至电网。制动电阻箱悬挂安装于车辆底架下方，制动电阻器冷却方式为强迫风冷，带状电阻条通过制动电流以发热的方式把能量传递出去，根据这一原理，除要求有良好的热容量和耐振动外，还要求能防腐蚀，在高温下不生成氧化层。特别要注意在正常使用寿命内不断裂。

电动列车制动电阻器采用条形电阻，由六个框架组成，集中在一个箱子中，如图2—18所示。

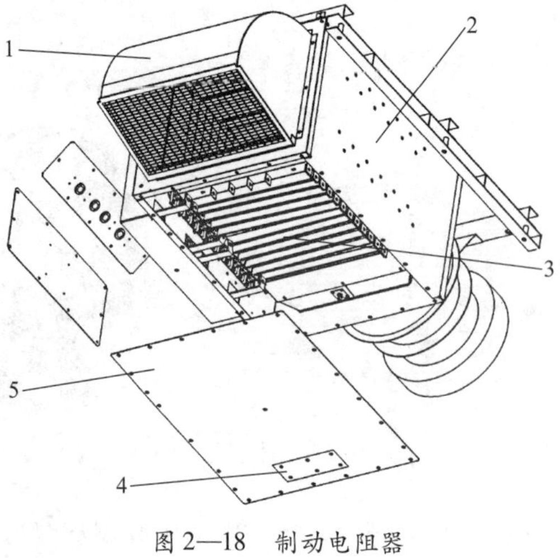

图2—18　制动电阻器

1—进风通道　2—后侧板　3—电阻片　4—风压开关检查口盖板　5—底板

来自牵引电动机的电制动能量通过牵引逆变器在制动电阻上转换成热能。由于在消耗电制动能量时，电阻会产生较高的温度，所以，通过装在进风口的通风风扇对制动电阻器进行强迫通风冷却。在通风风扇的风道中安装压差传感器及温度传感器，通过对通风流量及温度的检测，可以监控通风风机的工作情况，以防止制动电阻器因温度过高而受到损伤。

2. 制动电阻器的技术参数

制动电阻器的技术参数见表2—3。

表2—3　　制动电阻器的技术参数

项目	技术参数
额定电阻值（20℃）	R_{B1}、R_{B2} =（3 ±0.15）Ω
额定工况下最大阻值	R_{B1}、R_{B2} ≤3.7 Ω
对地额定工作电压	DC1 500 V
最大工作电压	DC2 000 V
额定平均功率	2 ×110 kW
电阻带材质	镍铬合金 Cr25Ni20
电阻带最高允许工作温度	640℃
冷却方式	强迫风冷（温度传感器）

2.1.8 速度传感器

1. 速度传感器的分类

电动列车的速度传感器按照安装位置不同可以分为电动机速度传感器和车轴速度传感器两种。电动机速度传感器安装在电动机的非传动端。车轴速度传感器安装于轴箱内，要求性能可靠、精度高、抗干扰性强。

电动列车的速度传感器按照信道数不同可以分为单信道速度传感器和双信道速度传感器两种。

2. 速度传感器的作用

传感器是一种测量装置，它能感受或响应规定的被测量，并按照一定规律转换成可用输出，以满足信息传输、处理、储存、记录、显示和控制的要求。微电子技术和微处理技术的发展使传感器出现了新的突破，从传统的实时处理功能发展到具有一定的检测、自诊断、数据处理、自适应等能力。

速度传感器（见图2—19）就是一种将电动列车速度（车轴、电动机的转速）信号转换为脉冲电信号的部件。

图2—19　速度传感器

电动机速度传感器安装于电动机的轮轴上，用作检测电动机齿轮上牙齿的动作情况，经信号处理后传输提供给控制系统，用于电动列车速度检测和牵引逆变控制。车轴速度传感器安装在轴箱上，用于检测轴端磁性齿轮上牙齿的动作情况，该速度信号经脉冲整形放大后输出整齐的矩形波信号，传输给空气制动控制系统，用于速度检测及防滑保护。

3. 速度传感器的结构

速度传感器的结构包括脉冲发生器、电缆、螺旋接头和可收缩套管，如图2—20所示。速度传感器的磁轮使用螺钉固定在轴箱端盖上，带有电缆接线的脉冲发生器安装在速度传感器的盖上。脉冲发生器与磁轮之间存在一个气隙，要求气隙范围在0.4～1.4 mm之间。

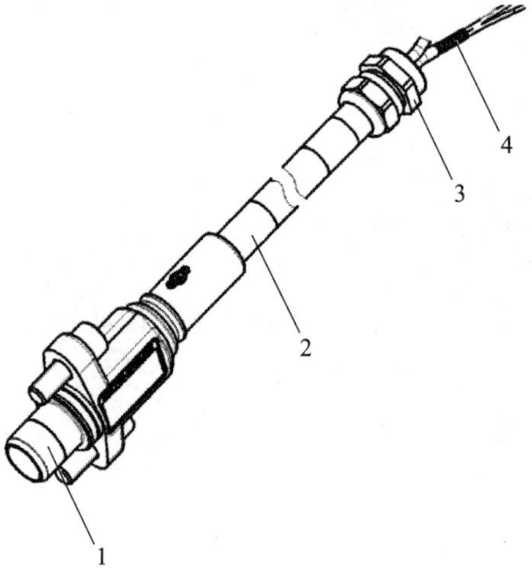

图2—20　速度传感器的结构

1—脉冲发生器　2—电缆　3—螺旋接头　4—可收缩套管

2.1.9 其他电气设备

1. 交流接触器

接触器是一种用来接通或断开带负载的交、直流主电路或大容量控制电路的自动化切换器，按操作机构不同可分为电磁式接触器、液压式接触器和气动式接触器。

交流接触器属于电磁式接触器。上海轨道交通车辆上的交流接触器一般用在三相380 V电路上，如空调单元压缩机保护控制接触器。

（1）交流接触器的作用和组成部分。交流接触器用于通断交流电流，常用来接通和断开交流电动机或其他电气设备，每小时可开闭几百次。交流接触器主要由电磁铁和触点两部分组成。交流接触器的触点分为辅助触点和主触点两种。辅助触点通过电流较小，常接在电动机的控制电路中；主触点能通过较大电流，常接在电动机的主电路中。

当主触点断开时，其间会产生电弧，烧坏触点，并使切断时间拉长。因此，在电流较大（一般大于20 A）的交流接触器中还专门设有灭弧装置，并且相间有绝缘隔板，以免短路。

（2）交流接触器的工作原理。交流接触器是利用电磁铁的吸引力而动作的。当交流接触器的电磁线圈通电后，会产生很强的磁场，使静铁芯产生电磁力吸引“山”字形动铁芯（上铁芯），并带动触点动作，使常闭触点断开，常开触点闭合，两者是联动的。

交流接触器的动作动力来源于电磁铁，电磁铁由两个“山”字形硅钢片叠成，其中一个固定，在上面套有线圈，工作电压为36 V、220 V、380 V等。

当线圈断电时，衔铁和动触点在反作用力下运动，常开触点断开并产生电弧，电弧在触点回路电动力及气动力的驱动下，在灭弧室中强烈冷却去游离而熄灭，主电路最后切断。

2. 继电器

继电器是一种自动控制电器，当输入量（如电压、电流、温度等）达到规定值时，使被控制的输出电路导通或断开。继电器可分为电气量继电器和非电气量继电器两大类。继电器外观如图2—21所示。

（1）继电器的作用。继电器是具有隔离功能的自动开关元件，广泛应用于遥控、遥测、通信、自动控制、机电一体化及电力电子设备中，是最重要的控制元件之一。作为控制元件，继电器有以下作用。

1）扩大控制范围。例如，多触点继电器控制信号达到某一定值时，可以按触点组的不同形式同时换接、开断、接通多路电路。

2）放大。例如，灵敏型继电器、中间继电器等，用一个很微小的控制量可以控制很大功率的电路。

3）综合信号。例如，当多个控制信号按规定的形式输入多绕组继电器时，经过比较、综合达到预定的控制效果。

4）自动、遥控、监测。例如，自动装置上的继电器与其他电器一起，可以组成程序控制线路，从而实现自动化运行。

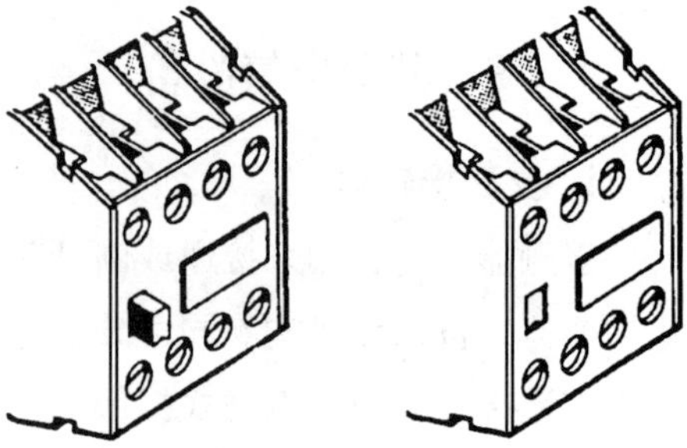

图 2—21　继电器外观

轨道交通车辆广泛使用的继电器常用来传递信号和同时控制多个电路及其他电气执行元件。

（2）继电器的特点。与接触器相比，继电器负载较小，触点容量小，没有灭弧装置，结构简单，但动作准确性要求较高。

（3）继电器的组成部分。继电器一般都有能反映一定输入变量（如电流、电压、功率、阻抗、频率、温度、压力、速度等）的感应机构（输入部分）；有能对被控电路实现“通”“断”控制的执行机构（输出部分）；在继电器的输入部分和输出部分之间，还有对输入量进行耦合隔离、功能处理和对输出部分进行驱动的中间机构（驱动部分）。

（4）继电器的工作原理。继电器在功能上由测量机构和执行机构组成。其中，测量机构接收输入量，并将其转变为继电器工作所必需的物理量，如电压、电流、压力等；执行机构用以改变原来所处状况，给被其控制的电器一定的输出量。

以图 2—22 所示的电磁继电器为例，它的铁芯和线圈就是测量机构，当输入量达到其动作参数时就将转变为衔铁的吸合动作；它的触点是执行机构，当输入量达到动作参数时，它由原来的断开状态转变为闭合状态，并接通被其控制的电路，从而得到一个输出电压。

具体来讲，只要在线圈（即测量机构）两端加上一定的电压，线圈中就会流过一定的电流，从而产生电磁效应，衔铁就会在电磁力的作用下克服返回弹簧的拉力吸向铁芯，从而带动衔铁的动触点与静触点（常开触点）吸合。当线圈断电后，电磁的吸力也随之消失，衔铁就会在弹簧的反作用力下返回原来的位置，使动触点与原来的静触点（常闭触点）吸合。这样吸合、释放，达到了在电路中导通、切断的目的。对于继电器的“常开”“常闭”触点可以这样来区分：继电器线圈未通电时处于断开状态的静触点称为“常开触点”，处于接通状态的静触点称为“常闭触点”。

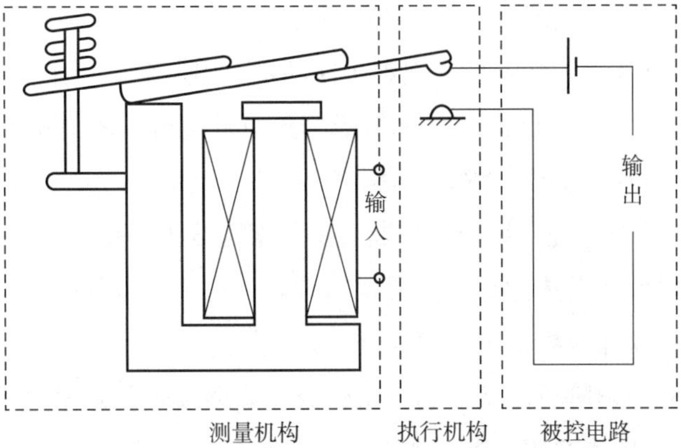

图 2—22　电磁继电器的测量机构和执行机构

上海轨道交通 01A03/02A01 型电动列车使用 3TH 系列继电器，其状态图如图 2—23 所示。

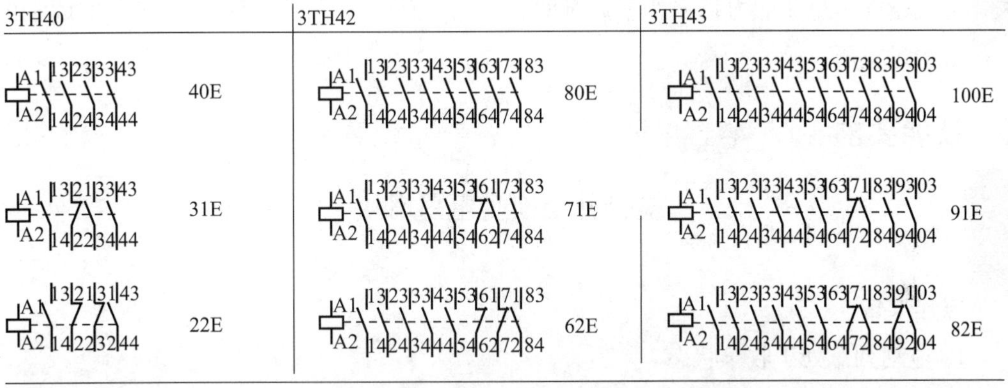

图 2—23　3TH 系列继电器状态图

3. 熔断器

（1）熔断器的作用和分类。熔断器是指根据电流超过规定值一定时间后，以其自身产生的热量使熔体熔化，从而使电路断开的原理制成的一种电流保护器。熔断器串联在电路中，当该电路产生过载或短路故障时，熔断器先行熔断，切断故障电路，保护电路和电气设备。

熔断器按结构可分为开启式熔断器、半封闭式熔断器和封闭式熔断器三种。在电动列车上多采用完全封闭在壳内的封闭式熔断器，没有电弧火焰喷出，不会造成飞弧危及人身安全及损坏电气设备，且可提高分断能力。

（2）熔断器的组成部分。熔断器主要由熔体、熔管、插刀等组成。熔体是熔断器的主要组成部分，它受过载或短路电流的热作用而熔化，从而达到分断故障电路的目的。熔管用来控制电弧火焰和熔化金属粒子向两端喷出。插刀用来和外电路接通。

对熔化材料的要求是熔点低，易于熔断，导电性能好，不易氧化，容易加工和价格低廉。熔体的材料有铜、银、锌、铅等。

（3）熔断器的工作原理。熔断器熔断过程一般可分为四个阶段。

1）通过故障电流而发热达到熔化温度的阶段。这个阶段的时间与通过熔体的故障电流值有关，故障电流值越大，这个时间就越短。

2）熔体熔化和蒸发阶段。熔体达到熔化温度后继续吸收热量而熔化和蒸发，这个阶段的时间也与通过熔体的故障电流值有关，故障电流值越大，时间越短。

3）间隙击穿和电弧产生阶段。熔体蒸发成金属蒸气后出现间隙，其中充满金属蒸气，金属蒸气很快被游离而出现电弧，这段时间极短。

4）电弧燃烧和熄弧阶段。这个阶段时间的长短与电流大小及熔断器的熄弧能力有关，电流越大，熄弧能力越强，燃弧时间就越短。注意电弧熄灭时不允许产生危害电气设备的过电压。

技能要求

检查并更换受电弓滑块

操作准备

1. 电动列车处于收车状态。
2. 电动列车无其他故障。

操作要求

1. 检查内容正确，检查方法合理。
2. 正确选择工具。
3. 正确更换受电弓滑块。
4. 作业结束，整理工器具清场。
5. 所有作业必须严格按照实训安全规范操作。

操作步骤

检查并更换受电弓滑块的流程为：一定——确定故障部件位置；二查——根据部件更换标准检查需要更换的故障滑块；三更换——更换故障滑块。

步骤 1 确认电动列车处于收车状态（否则落弓，关闭主控制器钥匙，收车）。

步骤 2 确认接触网无电且接地棒挂接完好。

步骤 3 登车顶后，正确佩戴安全带，如图 2—24 所示。

图 2—24 正确佩戴安全带

步骤 4 用钢直尺检查滑块厚度，如图 2—25 所示，应大于 3 mm（最小工作厚度，如图 2—26 所示）。目测滑块无大块缺损，表面无贯穿性裂纹，即裂纹不应裂至最小工作厚度，否则应更换滑块（同一受电弓滑块必须全部更换）。

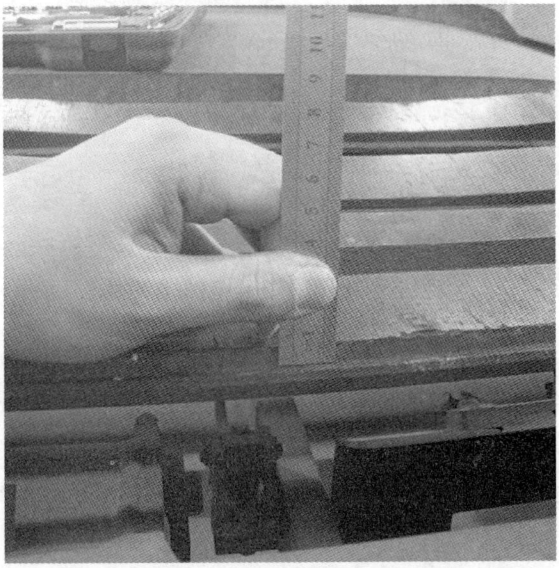

图 2—25 用钢直尺检查滑块厚度

步骤 5 AC01/02 车型使用防滑支架架起受电弓，用套筒拆除分流导线处的连接螺母，如图 2—27 所示，卸下滑块（AC03 车型用 10 mm、13 mm 和 14 mm 的开口扳手与套筒分别拆卸碳棒两头与羊角和支架的三个固定螺栓，并取出）。

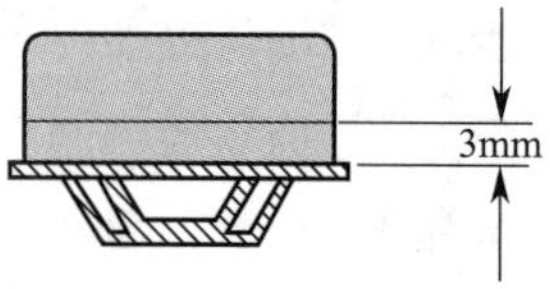

图 2—26 最小工作厚度示意图

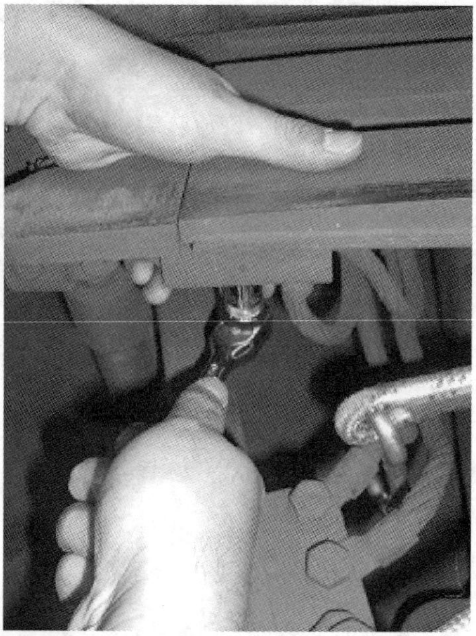

图 2—27 用套筒拆除分流导线处的连接螺母

步骤 6 更换滑块，紧固分流导线螺母。

步骤 7 安装紧固前必须检查羊角与碳棒接缝处是否平整。

步骤 8 滑块安装好以后，放平受电弓，用钢直尺检查滑块是否水平，如图 2—28 所示。

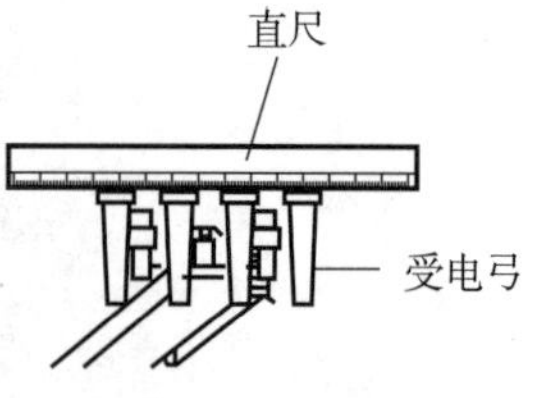

图 2—28 检查滑块是否水平

步骤 9 整理工器具清场，操作完成。

备注：AC03 车型每根碳棒有四个 6 mm 螺钉和两个 8 mm 螺钉的螺母。如果原来使用的是止退螺母，则必须更换掉；如果原来使用的是普通螺母，则必须加防松垫片和螺纹胶。

检查并清洁线路接触器灭弧罩

操作准备

1. 电动列车处于收车状态。

2. 电动列车无其他故障。

3. 现场配备所需工具。

操作要求

1. 能够选择正确的工具。

2. 清洁灭弧罩，拆卸、安装合理且灭弧罩达到清洁要求。

3. 作业结束，整理工器具清场。

4. 所有作业必须严格按照实训安全规范操作。

操作步骤

检查并清洁线路接触器灭弧罩的流程为：一定——确定故障部件位置；二查——检查需要清洁的线路接触器灭弧罩；三清洁——清洁并安装灭弧罩。

步骤1 确认电动列车处于收车状态（否则落弓，关闭主控制器钥匙，收车）。

备注：如果牵引箱有高压供电开关，则将该开关置于接地位，等待3～5 min。

步骤2 至电动列车牵引箱右侧，打开中间的箱盖，找到线路接触器。线路接触器的位置如图2—29所示。

图2—29 线路接触器的位置

步骤 3 按下线路接触器背面锁扣。

步骤 4 取下线路接触器灭弧罩，如图 2—30 所示。

图 2—30 取下线路接触器灭弧罩

备注：AC03 车型的线路接触器结构与 AC01/02 车型略有不同，拆下线路接触器螺母及垫圈，然后拆下线路接触器的灭弧罩，如图 2—31 所示。

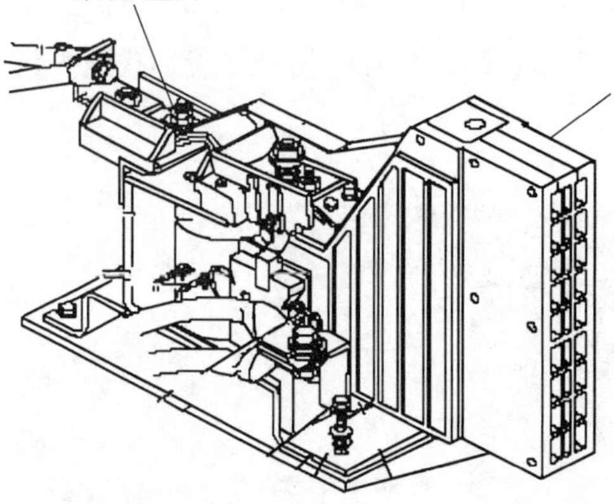

图 2—31 AC03 车型的线路接触器灭弧罩

步骤 5 查看灭弧罩。

（1）如果灭弧罩内没有电弧灼伤痕迹，则用压缩空气清洁即可。

（2）如果灭弧罩内有电弧灼伤痕迹，如图 2—32 所示，则用蘸有酒精的白色棉布擦拭灭弧罩内部和灭弧罩表面。

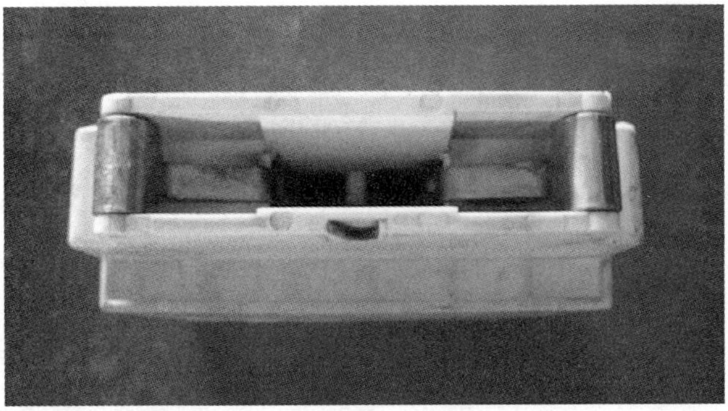

图 2—32　灭弧罩内有电弧灼伤痕迹

步骤 6　安装灭弧罩，确认扣紧，灭弧罩无松动。

步骤 7　关闭牵引箱箱盖（如果牵引箱有高压供电开关，则将该开关复位至受电弓位）。

步骤 8　整理工器具清场，操作完成。

2.2　牵引控制系统

学习目标

了解电动列车主控制器的作用和工作原理
了解电动列车控制回路的构成
掌握电动列车控制回路的功能
能够检查各类传感器及其接线
能够处理控制回路的简单故障

知识要求

2.2.1　主控制器

1. 主控制器的分类

经过多年的发展，目前主控制器（又称司机控制器）种类越来越多，功能越来越强大，结构越来越精巧，其可靠性、安全性、司机操作时的舒适度也大幅度提高。作为可直接控制车辆行驶的主令电器，主控制器的重要性越来越受到车辆设计者、司机等专业人群的关注。

主控制器有多种分类方法，按控制手柄的操作方式不同，可分为手轮式、板把式、平推式三种；按换向手柄的功能不同，可分为钥匙式和非钥匙式两种；按是否有机械锁结构，可分为有锁机构式和无锁机构式两种；按是否有警惕装置，可分为有警惕装置和无警惕装置两种。

（1）手轮式主控制器。手轮式主控制器的控制手柄是以“手轮”形式存在的，如图 2—33 所示。

图 2—33　手轮式主控制器

这种主控制器最大的优势是便于无级输出信号，输出信号的变化非常平稳可靠；没有齿轮传动，因传动而造成的误差几乎为零；控制手轮转动角度很大，可以细致地分割挡位。但是，“手轮”的存在使主控制器的外观并不美观，且该主控制器比较笨重，结构较松散，所需空间较大，对机车操纵台的空间要求较高。另外，如果该主控制器需要有电位器进行电压输出，限于内部空间的因素，电位器不容易加装和调整。因此，这种主控制器主要用于内燃机车。

（2）扳把式主控制器。扳把式主控制器的控制手柄是“扳把”，如图 2—34 所示，其结构紧凑，体积小巧，操作舒适方便。

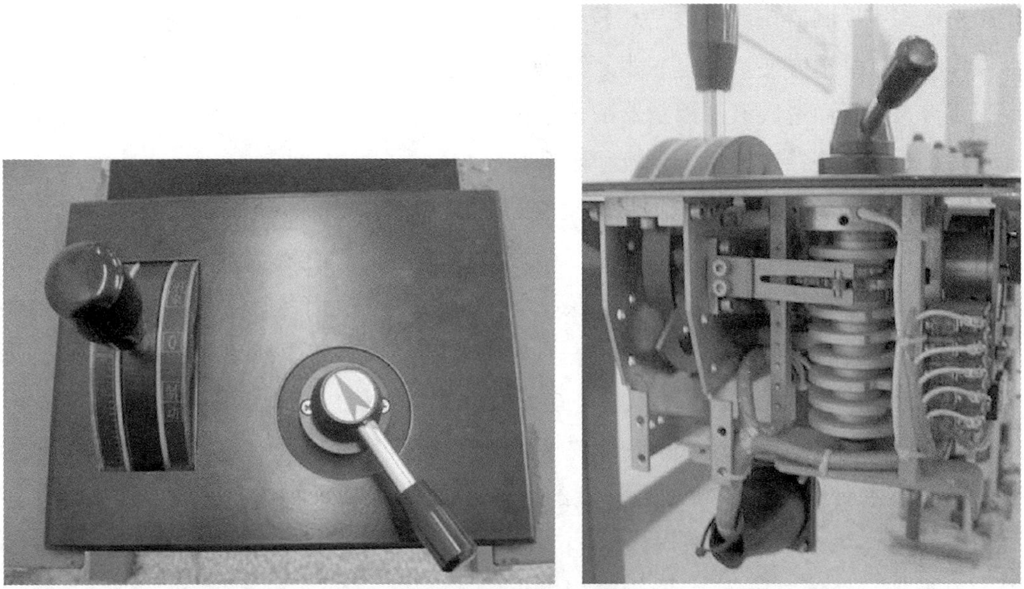

图 2—34　扳把式主控制器

但是，由于控制手柄是扳把式，其转动角度有限，故不能更细致地分割挡位，且扳把式控制手柄的转动是在垂直方向上的一个扇形面上，想要达到纯粹的无级调速是比较困难的。另外，在需要无级调速的情况下，该控制手柄的稳定性比较难保证。

（3）平推式主控制器。平推式主控制器控制手柄的操作方式为平动，即控制手柄是以直线形式动作进行速度控制的，如图 2—35 所示。

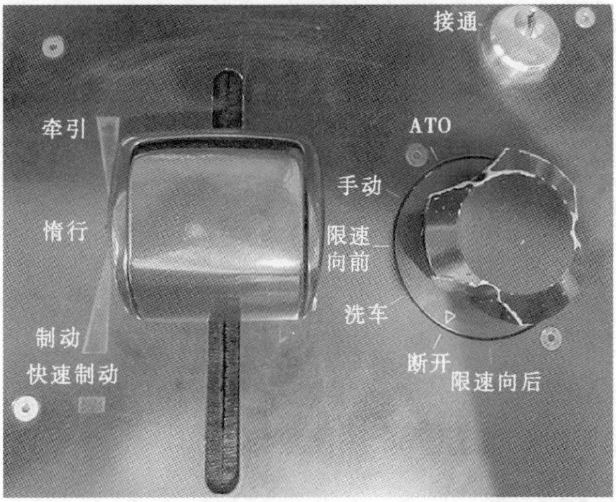

图 2—35　平推式主控制器

平推式主控制器在现阶段是比较先进的。它可以稳定地进行无级调速，司机在进行操作时非常舒适方便。但是，由于这种主控制器的传动方式为齿轮齿条结构，所需空间非常大，因而造成该主控制器的体积较大、质量较大、结构较复杂、制造成本较高。平推式主控制器主要用于轻轨和地铁上。

（4）其他主控制器。随着城市轨道交通的发展和科技的进步，对城轨电动列车的安全性能要求也越来越高，由此产生了带有警惕装置的主控制器。警惕装置的作用是防止司机在行车过程中因为注意力不集中等发生行车事故。有警惕装置的主控制器要求司机在行车过程中必须一直或每隔一段时间触动警惕装置，以表明意识清醒，如果在规定的时间内没有触动警惕装置，则电动列车会施加紧急制动，以避免事故的发生。该主控制器广泛应用在对于安全性能要求严格的轻轨和地铁上。

目前，主要应用于轻轨和地铁上的主控制器既是平推形式，又有警惕装置，还有锁机构等。该主控制器在确定运行方向之后，再操纵主手柄推向牵引位，主手柄发出指令，经脉宽调制后传给牵引控制单元和制动电子控制单元，同时，给出车辆牵引系统和制动系统所需指令，即牵引指令、常用制动非指令和紧急制动非指令。

2. 主控制器的作用

主控制器是操纵控制电路的主令电器，通过控制电动列车控制电路中的继电器、微机控制单元等来间接控制主电路、牵引系统回路和辅助电路中的电气设备，达到既安全又方便控制电动列车启动、调速、转换运行方向和电气制动的目的。

主控制器实际上是一组转换开关，通过转动两根不同的轴，控制凸轮与组合开关相应触点的分合，发出相应的数字量信号，从而控制电动列车的运行方向，传递所需牵引制动力的大小，实现电动列车牵引系统和制动系统的控制。

当电动列车需要启动、牵引时，首先需要操纵主控制器的方式（方向）手柄，选择自动驾驶还是人工驾驶，并确定电动列车往前牵引还是往后倒退。若将主控制器选择为 ATC（列车自动控制）模式，电动列车运行方向只能向前。

主控制器的主手柄除了给出牵引指令之外，也给出对牵引力的要求；除了给出制动指令之外，也给出对制动力的要求。

牵引力和制动力的大小是通过调节主控制器电位器电阻的大小来实现的。调速电位器原理如图 2—36 所示，其中电阻 R 代表“牵引”区域或“制动”区域的单边电阻。

两个电位器的公共端接地，另一端经限流电阻接至 +15 V 直流电源，滑动端随控制手柄的转动而转动，从而改变滑动端和 +15 V 电源端之间的电压，该电压信号为模拟量信号，经脉宽调制器或模拟量输入模块变成数字信号后传输给牵引控制单元和制动电子控制单元，从而进行电动列车的调速。

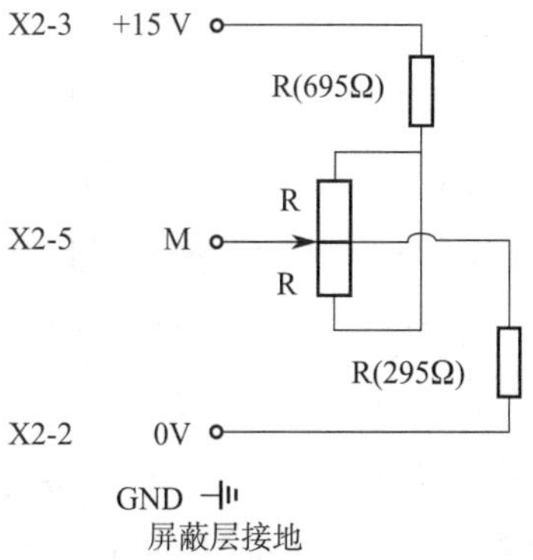

图 2—36　调速电位器原理图

3. 主控制器的组成部件

主控制器如图 2—37 所示。以 S355E 型主控制器为例，它主要由主控制手柄、方式（方向）手柄、组合开关、凸轮、转动轴、钥匙开关、电位器电阻等部件组成。

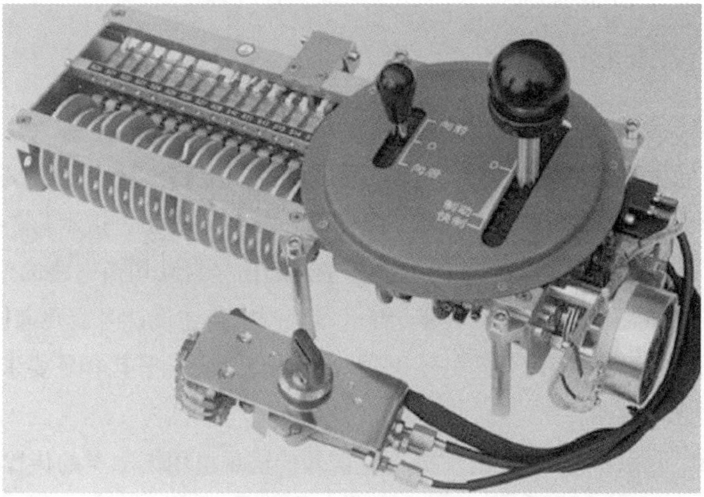

图 2—37　主控制器

控制手柄和方向手柄各配置一套转轴、凸轮和辅助触点装置，分别称它们为控制轴机构和方向轴机构。控制轴机构包括与控制手柄连接的控制轴及安装在该轴上的控制凸轮、控制辅助触点组等。方向轴机构包括与方向手柄连接的换向轴及安装在该轴上的换向凸轮、换向辅助触点组等。其中，控制轴是一根实心细长轴，作内轴；换向轴是一根空心粗短轴，套在实心轴的外层，其配套凸轮分别套在两根轴上，手柄的转动便可带动相应的轴及凸轮转动，从而带动辅助触点变换开闭的状态。

4. 主控制器的操作

为了防止可能产生的误操作，确保电动列车设备及运行安全，主控制器的控制手柄、方式（方向）手柄和机械锁之间有机械联锁。

使用时，先由钥匙开关打开机械锁，才能对控制手柄和方式（方向）手柄进行操作。当操纵电动列车时，先将钥匙开关打到“1”位，再由方式（方向）手柄选定电动列车的行车方向，再操作控制手柄来控制电动列车的速度。在行车过程中，如果需要改变电动列车的工况，必须先将控制手柄放回“0”位后，才可进行方式（方向）手柄的操作。如果司机需要进行异端操作，必须将本端主控制器的控制手柄置“0”位，换向手柄置“0”位，钥匙开关回“0”位，锁闭机械联锁，拔出钥匙，方可进行异端操作。在电动列车惰行期间，如果方式（方向）手柄移动到其他位置，牵引控制单元中牵引指令将失效，从而启动紧急制动。

2.2.2 控制回路

1. 继电器控制电路

电动列车除了有网络控制系统，还有继电器控制电路。城市轨道交通车辆的继电器控制电路由大量的继电器、接触器、传感器、开关、按钮、指示灯、电磁阀、微机控制单元等部件组成。电动列车上的继电器主要起信号自动切换电路的作用。

（1）继电器控制电路的设计原则。继电器控制电路在设计时需要遵循以下原则。

1）对于开关频繁、负荷较重的继电器应用场合，应根据其容量要求采用相应的镀金触点继电器或接触器。

2）在考虑可靠性和安全性的前提下，信号传输尽量用无触点的传输方式（通信总线）取代有触点的传输方式。如果电动列车控制需要传输十个信号，采用有触点的传输方式就需要十根信号线，而采用无触点的传输方式一般只要三根就足够了（目前使用的通信总线物理形式一般为485总线，其使用的信号线仅为三根）。信号线减少了，相应的控制电路故障也大为减少。

3）应考虑故障导向安全，即一旦控制电路中的某一部分发生故障，其他部分也不会将故障的影响扩大。例如，制动信号的传输应采用高电平电动列车非制动、低电平电动列车制动的形式，这样，即使制动信号的传输发生故障，电动列车也会因为未检测到高电平而实施制动操作，从而避免由于未收到信号而不能制动的情况发生。

4）对于重要的信号线和控制部件，应有相应的冗余手段和旁路措施，以便尽量减小故障的影响范围。

5）控制电路的布线设计应充分考虑接地问题，由于电动列车一般由多节车辆组成，而每节车辆内部又存在多个电气系统，这样极易造成由于各电气系统接地电平的差异而发生的电动列车故障，甚至造成元器件的损坏。

6）控制电路的布线设计和高压线路之间应有充分的电气隔离手段，以免由于某些意外因素导致控制电路出现高压串扰现象，造成元器件的损坏。

（2）继电器控制电路的功能。城市轨道交通车辆的继电器控制电路用来控制城市轨道交通车辆的运行，其主要作用是接收司机的操作，并将这些操作转化为控制信号传输给各个微机控制单元，控制电动列车进行牵引、调速、制动、开关门、调节客室温度等动作。

根据司机操作指令控制线路中相关的继电器得电或失电，使相应的主电路接触器动作，实现所需的逻辑控制功能、保护及状态反馈功能，最终控制牵引电动机的运转，从而控制电动列车的牵引、制动等工况。另外，继电器控制电路还包括许多监控回路，以检测电动列车各工况下的参数，根据所检测到的故障参数，及时发出指令，控制继电器动作，切断主电路中相关的触点，起到保护作用。

电动列车继电器控制电路根据功能不同可分为钥匙继电器控制回路、升降弓控制回路、分合高速断路器控制回路、警惕按钮控制回路、零速检测回路、紧急蘑菇头按钮回路、紧急制动回路、列车方向控制回路、基准值转换回路、牵引联锁回路、牵引逆变器控制回路、制动控制（停放制动、常用制动、快速制动）回路、制动缓解指示回路、照明控制回路、空调控制回路、车门控制回路及电热玻璃、汽笛等辅助设备回路。

2. 司机室显示器

司机室显示器安装于每个司机室的驾驶台上，如图2—38所示。通过电动列车控制网络获取各个子系统的状态及故障信息，为司机和维修人员提供人机接口，并可通过USB（通用串行总线）接口提供记录数据的转储接口。

（1）司机室显示器的组成部件和技术参数。司机室显示器为具有触摸式输入屏的彩色LCD（液晶显示器），主要由外壳、触摸屏、CPU（中央处理器）、接口板、显示屏、存储器等部件组成。司机室显示器外形如图2—39所示。

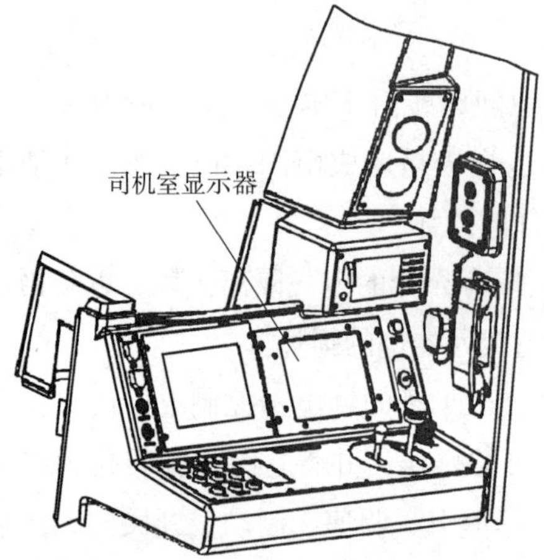

图 2—38　带有司机室显示器的驾驶台

图 2—39　司机室显示器外形

司机室显示器主要的技术参数见表 2—4。

表 2—4　司机室显示器主要的技术参数

项目	技术参数
外观尺寸	331 mm × 252 mm × 38 mm
质量	3.1 kg
外壳材质	铝
前面板防护等级	IP65
电源	DC110 V，最大功耗 20 W（由蓄电池供电）
电源限制	DC77 ~ 137.5 V
工作温度	-25 ~ 70℃
存储温度	-40 ~ 85℃
显示器	TFT - LCD（薄膜晶体管液晶显示器），分辨率 1 024 × 768，最大色彩数 262 000（彩色），亮度 400 cd/m^2
背光	CCFT（冷阴极荧光灯）
触摸屏	表面声波触摸屏 12.1″（英寸），反应时间小于 10 ms，怕灰尘，适合于高档环境

（2）司机室显示器的功能。司机室显示器用于显示车上各种设备的状态及与电动列车运行有关的各种信息，如速度、当前运行模式、电网电压、电网电流、车门状态、制动施加缓解状态、牵引逆变器和辅助逆变器工作状态等，并为操作者提供了解各个设备信息与数据的接口。司机室显示器基本布局如图2—40所示。

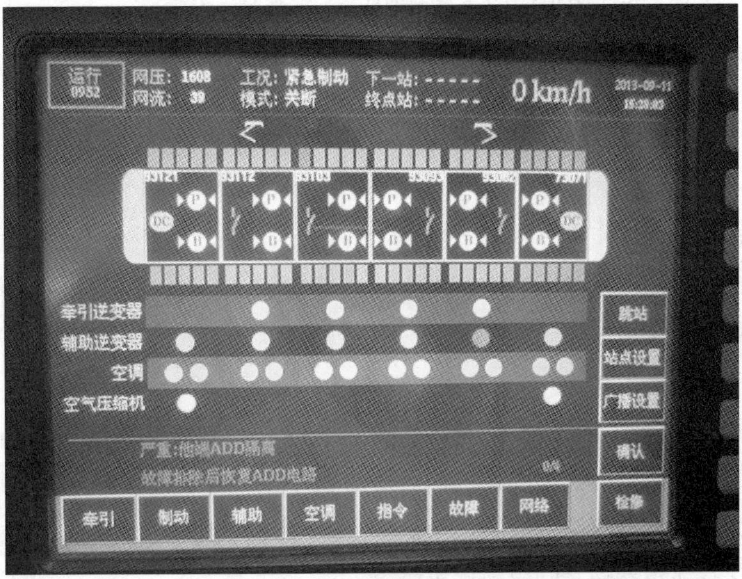

图2—40　司机室显示器基本布局

司机室显示器具有如下功能。

1）一般信息显示。司机室显示器显示常规运行数据，包括日期、时间、当前模式、当前速度、线网电压、线网电流、车厢号等数据。

2）状态信息显示。司机室显示器显示受电弓、高速断路器、车门、牵引逆变器、辅助逆变器、制动系统、空调系统等设备的状态数据。

3）故障信息显示。用红色显示设备的故障信息。

4）故障信息记录（即下载）。当设备发生故障时，显示器存储一般信息，如日期、时间、速度、距离、故障名和发生故障的车厢号。另外，存储故障发生前后采集的环境跟踪数据，便于进行故障分析。

5）维修模式功能。进入维修界面，调取更为详细的故障数据，还可以进行时间、轮径等参数的设置。

6）事件处理建议。故障发生时，根据不同的故障等级，在显示器上以醒目的方式显示故障处理建议，供司机参考。

7）广播站点设置功能。可以通过触摸屏设置始发站、终点站、越站等相关信息。

8）客室温度调节功能。可以通过触摸屏集中控制的模式设置整个电动列车的客室温度。此时，各个车厢控制柜内的空调控制模式开关需要旋转至“自动”位。

技能要求

读取、保存并删除电动列车司机室显示器故障记录

操作准备

1. 电动列车处于得电状态。
2. 电动列车无其他故障。
3. 现场配备所需工具。

操作要求

1. 正确选择所需要的数据线，选用合适的软件。
2. 正确读取显示器存储的故障记录。
3. 正确保存显示器存储的故障记录。
4. 正确删除显示器存储的故障记录。
5. 正确关闭软件且正确关机。
6. 所有作业必须严格按照实训安全规范操作。

操作步骤

读取、保存并删除电动列车司机室显示器故障记录的流程为：一连——连接便携式计算机与司机室显示器；二读——读取故障记录；三存储——将故障记录存储到便携式计算机。

一、AC01/02 车型

步骤 1 打开主控制器钥匙，启动电动列车。

步骤 2 启动便携式计算机，进入 Windows 98 界面。

步骤 3 使用 RS232 接口线将便携式计算机与司机室显示器进行连接。

步骤 4 选择“5. Command prompt only（仅命令提示符）”，如图 2—41 所示。

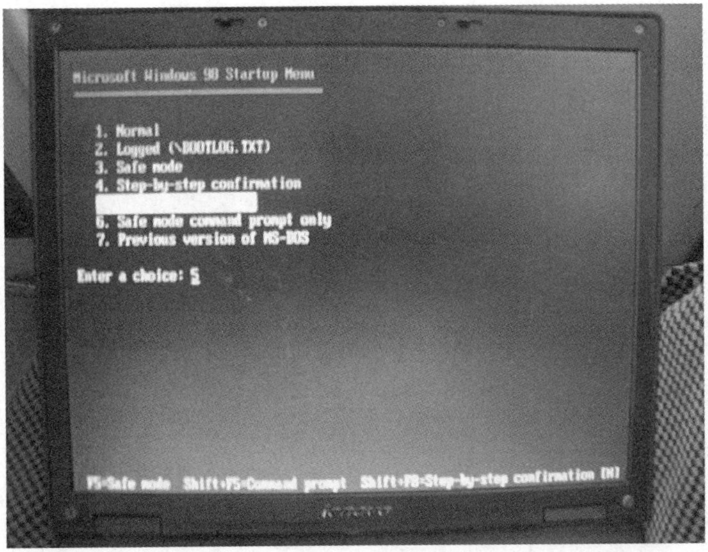

图 2—41 Command prompt only 选项

步骤 5 键入“inter svr”后进入软件界面，如图 2—42 所示。

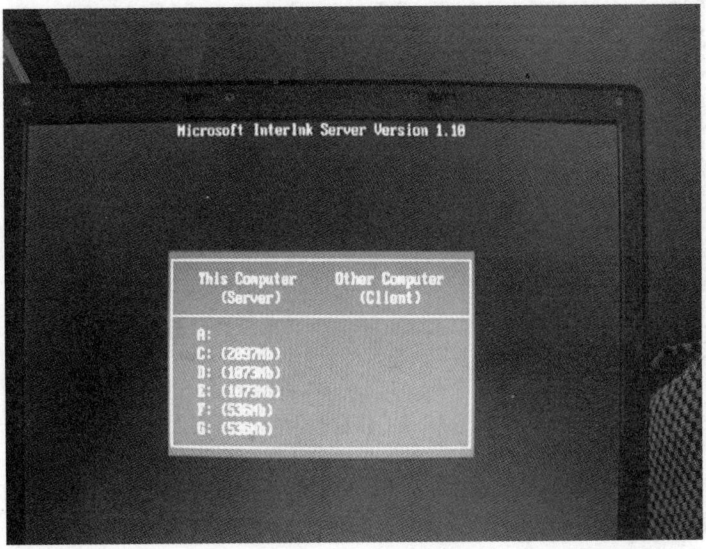

图 2—42 软件界面

步骤 6 单击“检查”按钮，如图 2—43 所示，进入装载界面。

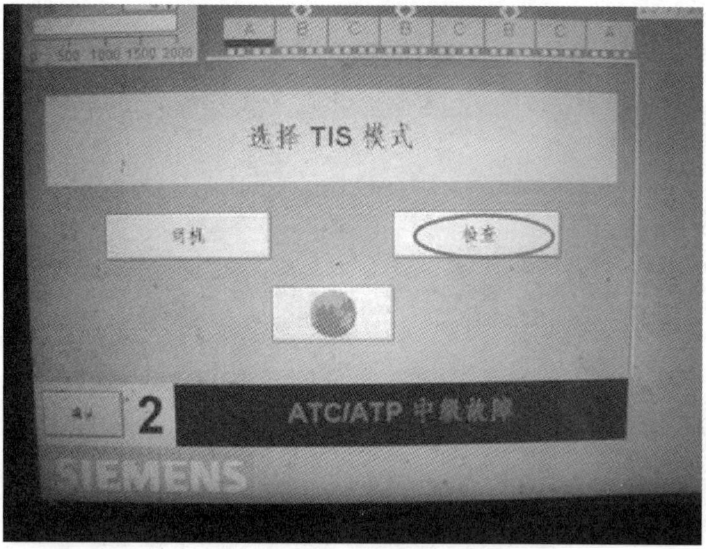

图 2—43　单击“检查”按钮

步骤 7　在装载界面中单击“存储数据”按钮，如图 2—44 所示，存储故障。

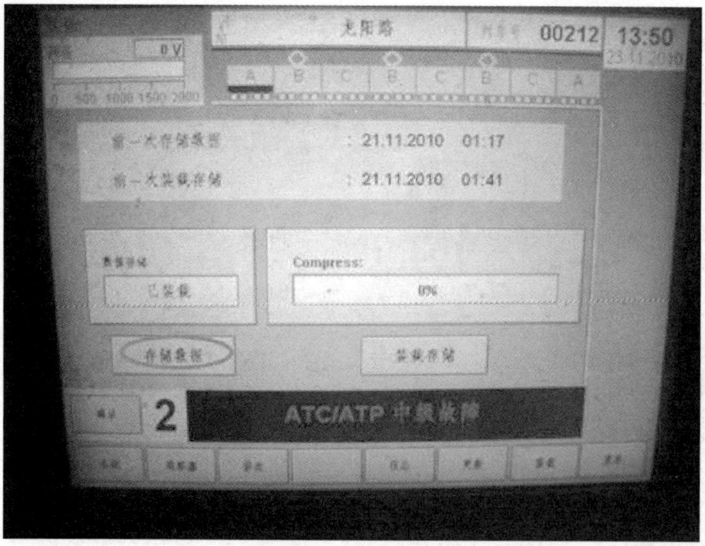

图 2—44　单击“存储数据”按钮

步骤 8　在装载界面中单击“装载存储”按钮，如图 2—45 所示，装载故障。

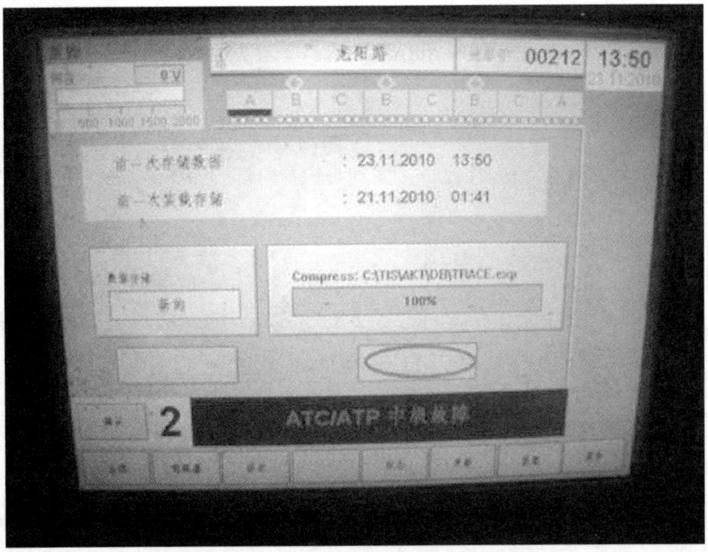

图 2—45 单击“装载存储”按钮

步骤 9 装载结束，在 C：\TISDATA 目录下生成一个 1X1. TIS 文件。

步骤 10 按“Alt + F4”组合键，退出该软件，断开接口线，关闭便携式计算机。

步骤 11 关闭设备柜，关闭主控制器钥匙，收车。

步骤 12 整理工器具清场，操作完成。

二、AC03 车型

步骤 1 打开主控制器钥匙，启车。

步骤 2 打开主控制单元盖板。

步骤 3 启动便携式计算机，进入 Windows XP 界面。

步骤 4 在便携式计算机打印接口处插上数据插头，使用 RS232 接口线将便携式计算机与主控制单元进行连接。

步骤 5 双击便携式计算机桌面上的“事件与故障”，查看故障。

步骤 6 记录已下载故障内容及位置。

步骤 7 单击软件界面上的“操作”，根据显示的故障判别故障的基本类型及位置。

步骤 8 单击软件界面上的“删除”，删除存储的故障。

步骤 9 退出软件，断开接口线，关闭便携式计算机。

步骤 10 关闭主控制单元盖板，关闭主控制器钥匙，收车。

步骤 11 整理工器具清场，操作完成。

设置广播起点站、终点站

操作准备

1. 电动列车处于得电状态。
2. 电动列车无其他故障。

操作要求

1. 正确设置广播起点站。
2. 正确设置广播终点站。
3. 正确保存所设置的内容。
4. 所有作业必须严格按照实训安全规范操作。

操作步骤

设置广播起点站、终点站的流程为：一进——进入设置界面；二选——选择广播起点站和终点站；三确定——确定广播功能正常，报站信息正确。

一、AC01/02 车型

步骤 1 打开主控制器钥匙，启车。

步骤 2 在司机室显示器的司机模式下单击“设置”按钮，进入界面，如图 2—46 所示。

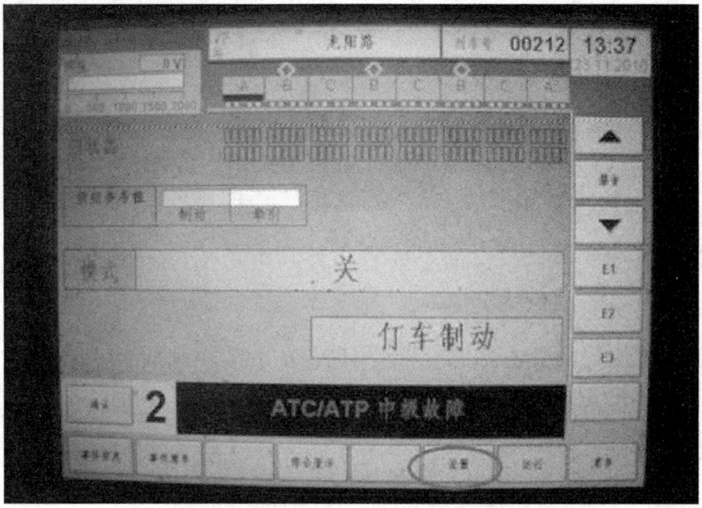

图 2—46 单击“设置”按钮

步骤 3 选择广播起点站“龙阳路”，选择广播终点站“徐泾东”，如图 2—47 所示。

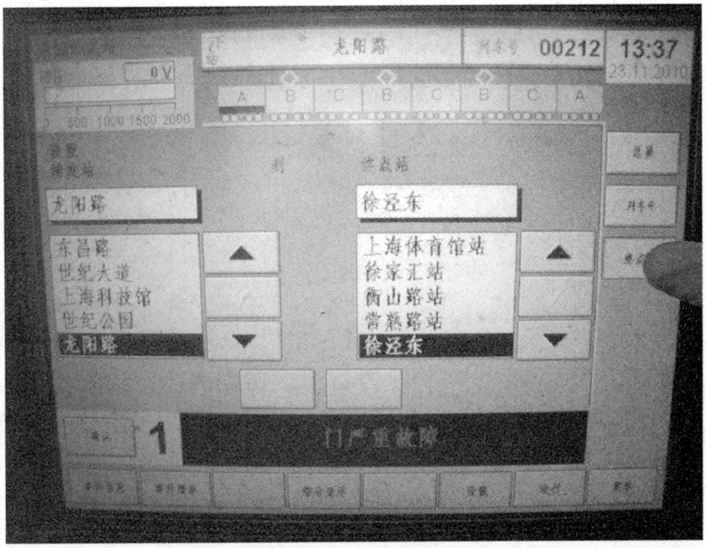

图 2—47 选择站点界面

步骤 4 单击“确认”按钮，保存设置。

步骤 5 关闭主控制器钥匙，收车。

步骤 6 整理工器具清场，操作完成。

二、AC03 车型

步骤 1 打开主控制器钥匙，启车。

步骤 2 按司机室显示器上的“乘客信息（Passengers Information）”，进入该页面。

步骤 3 在“乘客信息”页面中选择“车次（Trip Number）”。

步骤 4 在车次号内输入“任意四位”数字，如“6789”，单击“确认（Valid）”按钮，如图 2—48 所示。

步骤 5 按乘客信息广播按钮（Audio Passengers Information）。

步骤 6 选择起点站或终点站，并按“确认”按钮。

步骤 7 查看“乘客信息”页面上显示的信息是否与选择的起点站及终点站信息相同。

步骤 8 关闭主控制器钥匙，收车。

步骤 9 整理工器具清场，操作完成。

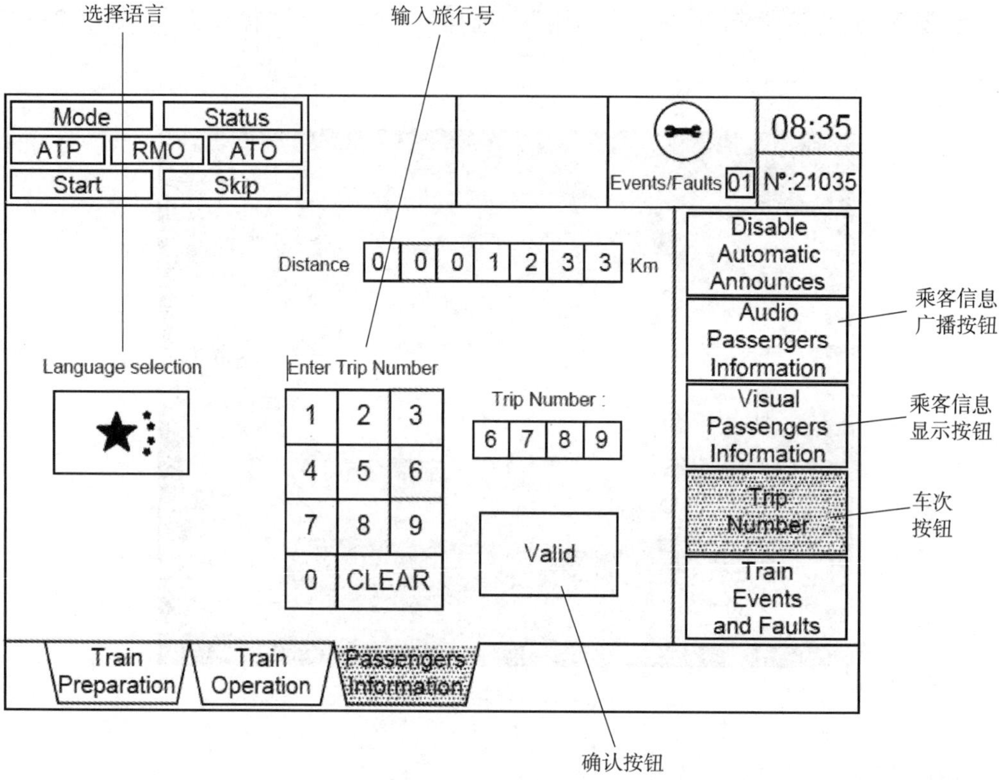

图 2—48　设置界面

思考题

1. 请描述电动列车直－交传动装置主回路的组成。
2. 请分析电动列车各个牵引设备的结构和作用。
3. 请描述检查并更换受电弓滑块的操作流程。
4. 请描述各类主控制器的优缺点以及它们的作用和工作原理。
5. 请描述电动列车继电器控制电路的组成部件及设计时需要遵循的原则。
6. 请描述司机室显示器的组成部件和功能。

第3章

电动列车辅助系统

城市轨道交通车辆辅助系统主要为除牵引系统之外的所有用电系统供电，其供电的主要负载包括空调、客室照明、通风冷却设备、电子电气装置、蓄电池等。整个辅助电路由逆变器、蓄电池及相应的部件组成。在电动列车的动车和拖车中都有辅助电路，它的工作状态正常与否直接影响电动列车的功能。

3.1 辅助系统设备

学习目标

了解电动列车辅助系统的组成
掌握电动列车辅助系统设备的工作原理
能够检查蓄电池电压和接线并进行清洁
能够读取并判断辅助逆变器故障
能够处理各设备元件的简单故障

知识要求

3.1.1 供电网络和供电负载

1. 供电网络

城市轨道交通车辆辅助系统的供电网络主要由辅助逆变器（给交流中压和直流低压供电）、蓄电池、中压母线、低压母线、控制器、断路器、继电器、接触器等组成。

辅助系统由 DC1 500 V 接触网供电，经受电弓传输到电动列车高压母线，在线网电压正常情况下，受电弓将高压直流电通过电动列车高压母线同时传输给每节车厢的辅助逆变器。每节车厢的辅助逆变器处于并联工作状态，这样，即使只有一个受电弓工作，所有逆变器都能正常工作，每个辅助逆变器是由接触网提供的 DC1 500 V 列车线经二极管供电的。在线网电压小于 DC1 100 V 情况下，为了避免辅助逆变器在不正常情况下工作，此时辅助逆变器将停止工作。如果线网电压上升至大于 DC1 100 V 并持续 3 s 以上时，辅助逆变器重新启动工作。

电动列车在检修时需要做某些测试工作，如空调试验等，考虑工作时操作者的人身安全，此时 DC1 500 V 接触网断电，采用车间外接电源供电，车间外接电源只有在受电弓落弓条件下才能接通负载而得电。它们之间的联锁由所有受电弓落弓继电器完成，或由高压电源开关选择电源（受电弓或车间电源插座）。受电弓供电接触器与车间电源供电接触器的电源互相联锁，如图 3—1 所示，在受电弓升弓情况下，2K7 和 3K14 闭合，受电弓供电接触器得电吸合，接触网 1 500 V 直流电通过图 3—2 中的受电弓供电接触器主触点送到各台辅助逆变器上。当电动列车在静调线静调时，接触网就要断电，受电弓落弓，此时图 3—1 中的 7K8 闭合，车间外接电源接上后，车间电源短接线处相连，车间电源供电接触器吸合，车间 1 500 V 直流电送到各台辅助逆变器上。

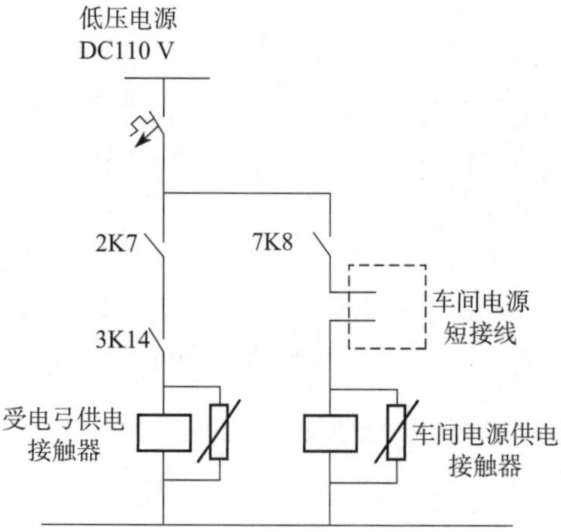

图 3—1　受电弓供电接触器与车间电源供电接触器

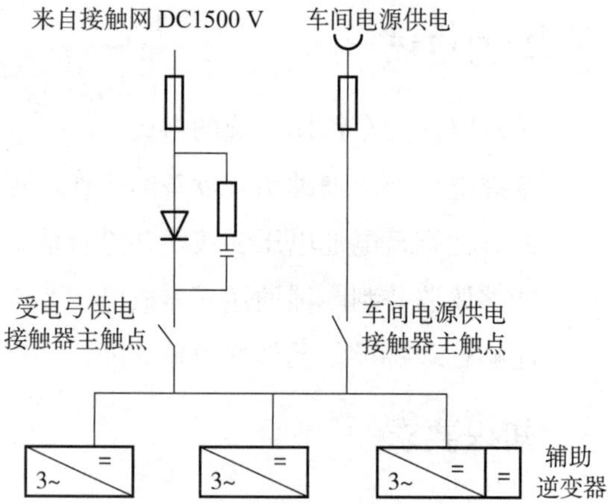

图 3—2　接触网与车间电源供电

2. 供电负载

辅助系统的供电负载分为交流负载和直流负载两大类。

（1）交流负载。交流电源为三相 AC380 V、50 Hz，有电隔离的交流中压，为如下负载设备提供电源：电动机 - 压缩机单元、客室和司机室空调系统、牵引设备的通风设备、辅助逆变器的通风设备。

在每个司机室和每节车厢的电气柜中都设置一个单相 AC230 V、50 Hz 的方便插座，为维修人员的检测设备提供电源。

（2）直流负载。直流电源是由带蓄电池充电设备的 AC/DC 蓄电池充电机通过二极管来提供的。蓄电池充电机内 AC/DC 变换器提供蓄电池充电电源和车辆所有直流负载设备电源。

直流蓄电池充电机提供额定 DC110 V 电源，直接供电至内部紧急照明、外部照明（包括 24 V 的 DC/DC 变换器）、司机室设备、控制电子设备（牵引/制动设备、静止逆变器、车门等）、蓄电池、通信系统、维护诊断系统、监控/控制回路、列车自动控制系统车载设备等。

3.1.2 辅助逆变器

1. 辅助逆变器的基本功能

通常把交流电能转换成直流电能的过程称为整流，相控整流为最常见的交直变换过程；而直流电能转换成交流电能的过程称为逆变。在逆变电路中，把直流电能经过直交变换，向交流电源反馈能量的变换电路称为有源逆变电路，相应装置称为有源逆变器。相控角大于90°的相控整流器为常见的有源逆变器。把直流电能转换成交流电能，再直接向非电源负载供电的电路称为无源逆变电路。

逆变器按直流侧的电源是电压源还是电流源可分为两种。直流侧是电压源供电的（通常由可控整流输出接大电容器对电压滤波）逆变器称为电压型逆变器。直流侧是电流源供电的（通常由可控整流输出经大电抗器对电流滤波）逆变器称为电流型逆变器。

轨道交通车辆辅助逆变器的基本功能是将从接触网接收的 1 500 V 直流电逆变成 380 V、50 Hz 的交流电，同时提供 110 V 的直流电，给车上的蓄电池充电及供给车上的所有低压控制设备用电。

辅助逆变器内部结构简图如图 3—3 所示。

2. 辅助逆变器的负载

电动列车辅助逆变器系统主要由每节车厢的逆变器并联组成，并向空调、客室照明、蓄电池、冷却风机、直流低压负载提供电源，如图 3—4 所示。

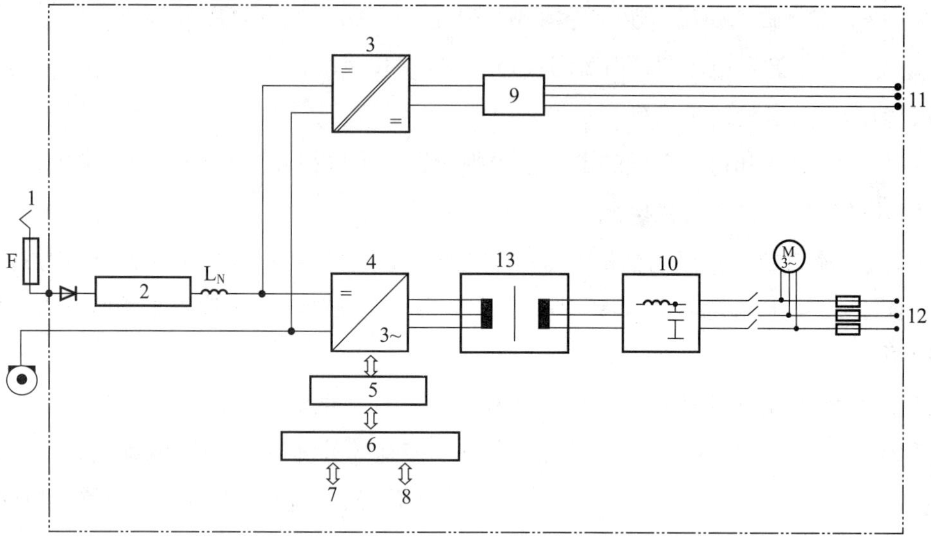

图 3—3　辅助逆变器内部结构简图

1—DC1 500 V 输入　2—预充电单元　3—蓄电池充电机　4—逆变器模块　5—IGBT 控制器
6—微机控制单元　7—MVB（多功能车辆总线）接口　8—RS232 维护接口　9—EMI（电磁干扰）滤波器
10—正弦滤波器　11—DC110 V 输出　12—三相 AC380 V、50 Hz 输出　13—三相变压器

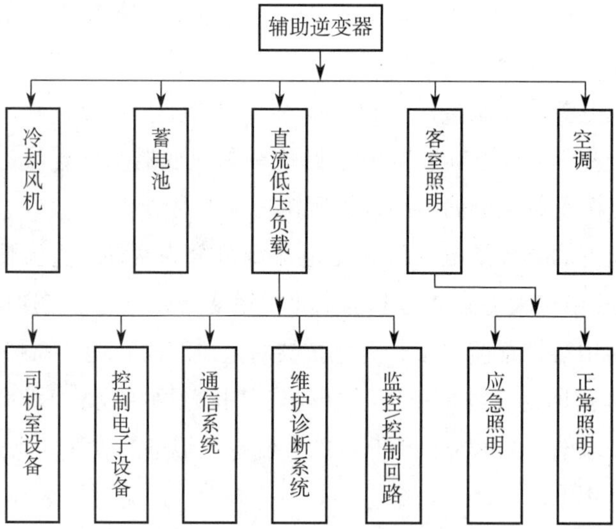

图 3—4　辅助逆变器系统示意图

为了保证在某台逆变器发生故障时，电动列车仍能可靠运行，在负载分配上采取了以下措施。

（1）将电动列车的辅助逆变器按其负载的性质分成两组供电系统，一组供电系统为电动列车的空调提供电源，这组供电系统由电动列车中的多台辅助逆变器并联组成，分别提供本单元每节车厢一台空调（每节车厢有两台空调）的电源。这样，当一台逆变器发生故障时，能保证在每节车厢上有一台空调能得电工作。从乘客的乘坐舒适性及车厢通风角度考虑，这种负载分配方式是极其必要的。

（2）另一组供电系统由其他辅助逆变器（一般为两台）组成，它为电动列车的下列设备或系统提供电源：内部照明、外部照明、司机室设备（除空调以外）、控制电子设备、蓄电池、通信系统、维护诊断系统、监控/控制回路、自动列车控制设备、主要电气设备的冷却通风设备。

在正常工作状态时，该组供电系统内的辅助逆变器各负担全列车一半的冷却通风负载。当有一台辅助逆变器发生故障后，该辅助逆变器所承担的负载自动切换至另一台辅助逆变器，以保证整列电动列车主要电气设备的冷却通风设备正常工作。图3—5为上海轨道交通01A01型电动列车负载分配图。

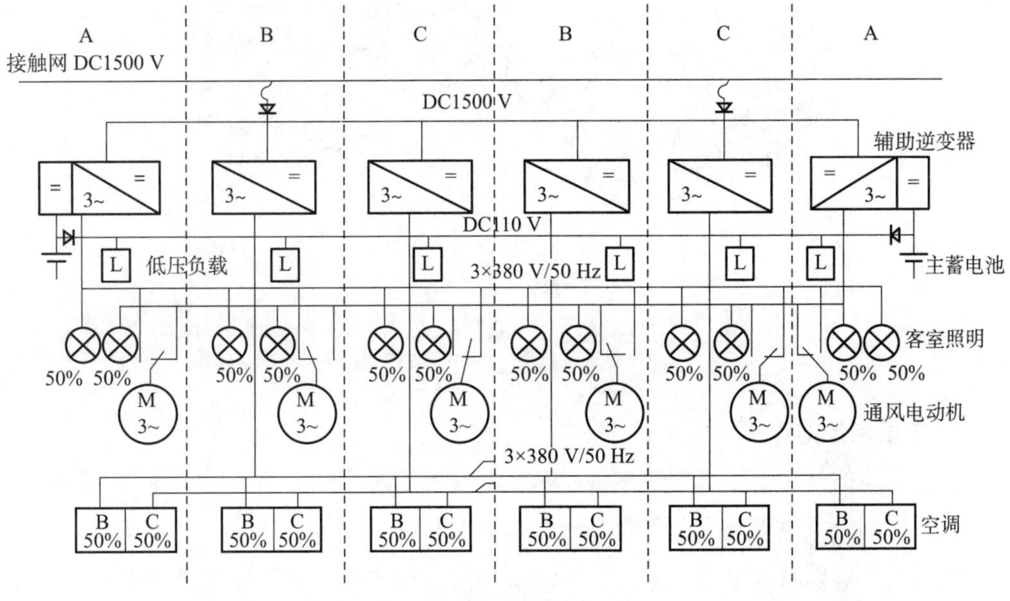

图3—5　上海轨道交通01A01型电动列车负载分配图

3.1.3　主蓄电池

1. 主蓄电池的组成

电动列车主蓄电池是由多个DC110 V镍镉蓄电池单体相互串联组成的，一般由80

个或84个单体组成一组电池组。在国内已运行的电动列车中，蓄电池按容量分为60 AH、120 AH、140 AH、160 AH四种。蓄电池容量的选择是由电动列车在紧急状态（接触网断电）时的直流负载所决定的。在车辆设计过程中，需要对直流负载的功率进行预估和测算，并留有一定裕量，以便选择容量合适的蓄电池。

蓄电池按组数分为每列车两组和四组。每个电池组以浮充电模式与逆变器充电器相连接，每一蓄电池组装在蓄电池箱（见图3—6）内，保持充足的自然通风。蓄电池在电动列车启动及紧急状况（无高压电源）时为直流和交流负载提供45 min的供电。

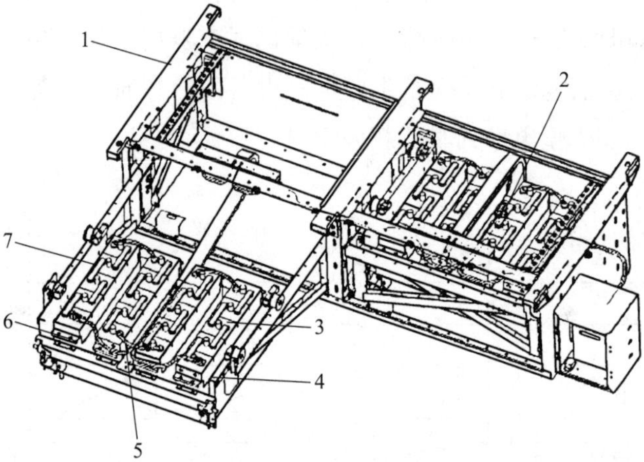

图3—6　蓄电池箱

1—蓄电池盒　2—温度传感器　3—电池组　4—托架框　5—电缆连接器
6—蓄电池托架　7—电池连接条

2. 主蓄电池的作用

主蓄电池的外壳由防火塑料制成，放置在不锈钢框架内。电解液的液面可以在框架外目测检测。电池单元可以分别取出，蒸馏水的添加间隔时间一般在90天以上。

电动列车启动时，主蓄电池为电气设备提供直流电源，直至辅助逆变器正常工作，之后主蓄电池处于浮充电状态。

在电动列车运行过程中，若整个电动列车失去高压电源，主蓄电池的容量应能够为下列负载提供45 min的电能：客室紧急照明、列车控制系统和监视设备、车辆通信设备、头灯及尾灯、紧急通风设备。此外，还要求能打开或关闭车门一次。这样电动列车在失去高压的紧急状况下，主蓄电池可保证电动列车上的必要设备能继续工作，保障电动列车的安全性能。

3. 主蓄电池的特点

目前，轨道交通车辆的蓄电池多采用镍镉蓄电池。镍镉蓄电池具有使用寿命长（充放电循环周期高达数千次）、力学性能好（耐冲击和振动）、自放电小、低温性能好（－40℃）等优点，被广泛应用在各个领域。

4. 可逆失效和不可逆失效

尽管镍镉蓄电池使用寿命很长，但使用时间久了总会出现不能正常工作甚至完全不能工作的失效现象。镍镉蓄电池的失效分为可逆失效和不可逆失效。当蓄电池符合规定的性能要求，通过适当的活化处理能恢复到可用状态，就称为可逆失效。当电池通过活化或其他方法仍不能恢复到可用状态，就称为不可逆失效或永久失效。

（1）可逆失效。当蓄电池以恒电流充放电，在固定时间内反复循环时，可能受到可逆的容量损失，这种效应就称为“记忆效应”。无论大电流放电到较低的终止电压或小电流放电到较高的终止电压，其效应相同。容量衰减的基本原因就是浅度放电。蓄电池在重复浅充放电循环中，由于放电平均电压降低而导致电池容量减少，这种放电电压损耗大多可通过几次深充放电循环后恢复。

长期过充电也可使蓄电池发生可逆失效，尤其在高温下更是如此。由于长期过充电引起放电快终止时的“过渡阶梯”，虽然容量仍可适当利用，但工作电压比较低，这也是可逆失效。通过几次深充放电循环后可恢复到额定电压和期望的容量。

（2）不可逆失效。密封圆柱蓄电池不可逆失效的原因主要有两个：短路和电解液干涸。

1）蓄电池内短路。蓄电池内短路导致蓄电池无使用价值。

2）电解液干涸。电解液若稍有损耗即会引起容量减少，容量减少与电解液损耗成正比。蓄电池反复反极、高温下高倍率充电、直接短路等都会引起电解液损耗。由电解液损耗所引起的容量减少在高倍率放电时更为明显。

高温会缩短蓄电池使用寿命。温度较高会促使隔膜受损并增加短路的可能性。较高温度还会使水通过密封圈迅速蒸发。尽管这种影响是长期的，但温度越高蓄电池损坏概率越高。

3.1.4 线网供电和车间外接电源

城轨电动列车一般具有两种受电模式：受流器受流和车间外接电源受流。受流器（受电弓或集电靴）直接从接触网或接触轨接收牵引变电站输出的高压直流电，而在检修基地，城轨电动列车可以通过车下高压箱上的外接电源连接器从车间外接电源受流。考虑到安全性，车间外接电源与受流设备之间设有联锁，以保证在任何情况下两者不能同时向电动列车供电。

1. 线网供电

（1）线网电压正常状况下的电压传输。城轨电动列车辅助逆变器额定的工作电压为 DC1 500 V，当线网电压在 DC1 100 ~ 1 800 V 之间波动时，辅助逆变器均能正常工作。从受电弓或集电靴接收的直流高压电经过预充电单元及电抗器、电容器滤波后，送至两个并联的 IGBT 逆变器模块，在辅助逆变器控制单元的控制下，将两个逆变器模块错开一定角度的 PWM 输出电压分别送入三相变压器，由变压器耦合得到接近正弦的十二阶梯波，最后经正弦滤波器滤波得到低谐波含量的三相准正弦电压，输出电压稳定后输出接触器闭合，最终输出稳定的三相电压。从任何一相输出线与主变压器的中性点之间均可得到单相 AC220 V 电压。

（2）线网电压非正常状况下的电压传输。辅助逆变器在运行过程中由于某部件的损坏或外界因素的原因会产生一系列故障，在故障产生的同时，为保护其他元器件不受损坏，逆变器有快速保护功能，将整个逆变器系统全面封锁，使逆变器的损坏程度降到最低。例如，在电网输入端接有熔断器，当辅助逆变器电路产生过载或短路故障时，熔断器先行熔断，保护电路和电气元件。

线网电压低于 1 100 V 或高于 1 800 V 时为非正常状况，辅助逆变器的电压传感器检测到线网电压的异常，从而进行欠电压和过电压保护。检测直流滤波电容器的端电压，当检测值低于 1 100 V 时，触发保护动作，微机控制单元不再发送控制指令，当输入电压恢复到 1 100 V 以上并保持 3 s 以上时，自动重启辅助逆变器微机控制单元；当检测值高于 1 800 V 时，也将触发保护动作，当输入电压恢复到 1 800 V 以下并保持 3 s 以上时，自动重启辅助逆变器微机控制单元。

此外，还有霍尔电流传感器对输出电流进行监控，如果故障电流大于最大限制电流，就封锁逆变器的输出进行保护。

辅助逆变器的有些故障可自动复位，不要求司机采取任何措施。故障有一个重复限制，这样不会连续复位。如果在 1 min 内发生第二次同类故障，辅助逆变器运行被锁定，要求手动复位。

2. 车间外接电源

车间外接电源是城轨电动列车进行静态调试时，由于受流器不能从供电接触网得到电源而使用的辅助受流器。它主要供电动列车在检修库内整车调试或部分设备进行有电检查时使用，将外部电源通过电缆插头与车间外接电源插座相连，便可供电给电动列车的电源系统。车间外接电源只向电动列车的辅助系统供电，一般通过隔离二极管或接触器与电动列车主电路隔离。

（1）车间外接电源的组成部件。车间外接电源（见图3—7）由电源插座盖、电源插座、熔断器、隔离二极管和接触器组成。车间外接电源的电气元件与其他高压电气元件集中在箱内，由电源插座提供DC1 500 V电源。

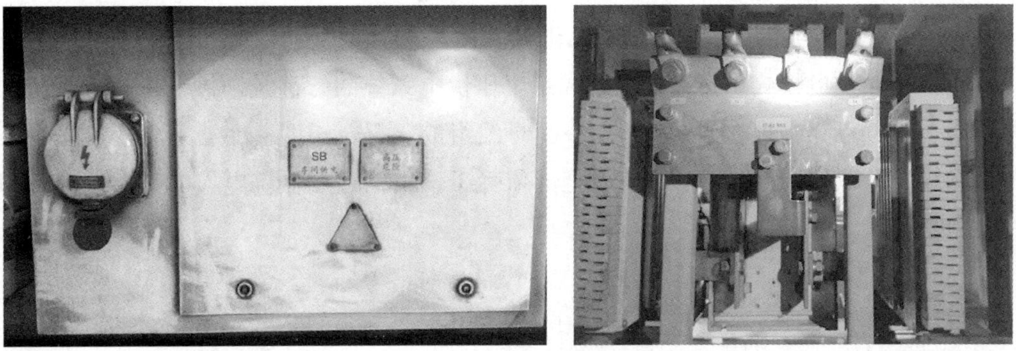

图3—7　车间外接电源

1）电源插座盖。电源插座盖上一般按电动列车控制原理安装短接插头，当插座盖合上后，控制电源通过短接插头控制主受流电路中的接触器工作，实现车间电源与主受流设备供电电路控制上的联锁功能。

2）电源插座。电源插座的布局形式与外接电源插头匹配，用于与外接电源插头连接。

3）熔断器。熔断器安装在车间电源插座与电动列车供电电路中间，若辅助电路有短路现象，电流超过熔断器的容量限制时，熔断器断开，且该断开是不可逆的。

4）隔离二极管。隔离二极管通常采用大功率二极管，由于流过二极管的电流较大，二极管一般安装散热片，以增强散热效果。

（2）车间外接电源的检修。由于车间外接电源安装在密闭的箱体内，所以维修周期可以长一些。

1）车间外接电源插座及插座盖检修。主要检查是否有损坏、过热或腐蚀现象，特别要注意端部连接处。

2）隔离二极管检修。将隔离二极管拆卸后，检查二极管电气特性，同时清洗二极管的散热片。

3）电缆检修。主要检查电缆与接线端连接是否良好，清洁并打磨接线端接触部分。同时，应检查电缆外部的绝缘层是否有开裂或破损现象。

3.1.5 中压母线和低压母线

1. 中压母线

辅助供电系统的中压母线由电动列车上的辅助逆变器供电，中压母线贯穿整个电动列车，为车上的交流负载提供 AC380 V、50 Hz 电源。

中压母线的供电模式可以分为交叉供电模式、分段供电模式和并网供电模式三种。

（1）交叉供电模式。交叉供电模式是中压供电系统的一种常用供电模式。交叉供电网络一般由两台辅助逆变器和两条中压母线组成，每台辅助逆变器独立连接在一条中压母线上，即该中压母线上的负载全部依赖于该辅助逆变器供电。交叉供电网络如图 3—8 所示。

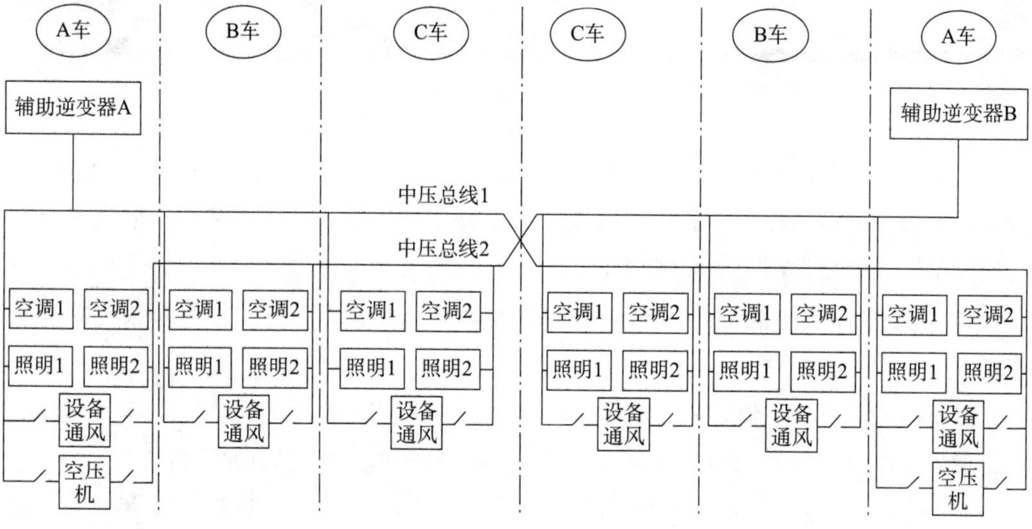

图 3—8 交叉供电网络

这种供电模式从连接和控制方式来看都非常简便，无须 TCMS（列车控制和管理系统）配合便可独立完成各自区段的供电任务。

（2）分段供电模式。分段供电模式是中压供电系统的另一种常用供电模式。分段供电网络一般由两台辅助逆变器、两条中压母线和一部中压母线接触器组成。每台辅助逆变器都连接在各自中压母线上，在正常模式下，中压母线接触器处于分断位，即两台辅助逆变器独立在各自供电区段中对负载进行供电。当任何一台辅助逆变器发生故障时，TCMS 会驱动中压母线接触器闭合，使两条中压母线连通，同时配合 TCMS 对负载进行分配，剩余的辅助逆变器可对全列车范围内关键系统的负载进行供电。分段供电网络如图 3—9 所示。

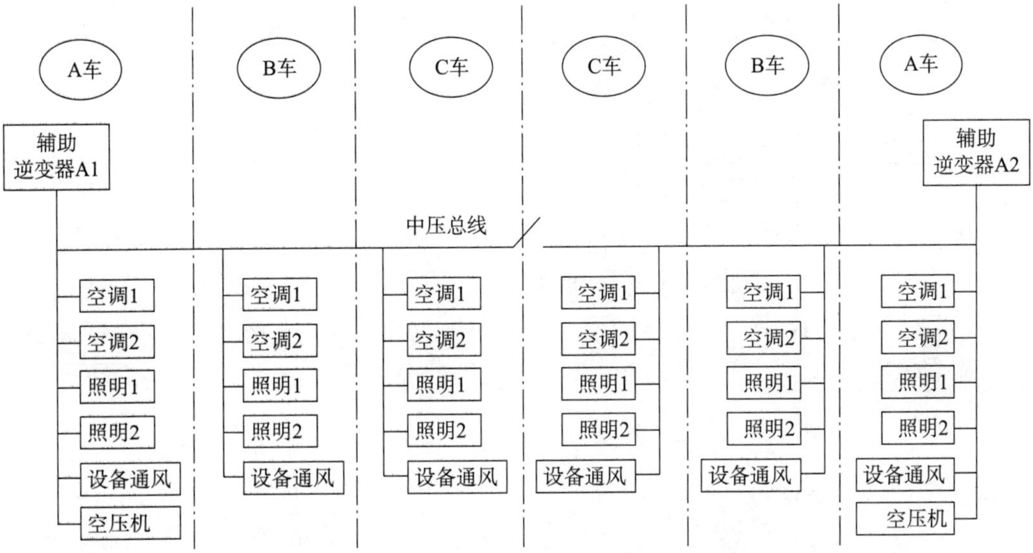

图 3—9　分段供电网络

（3）并网供电模式。采用并网供电模式时，电动列车上所有辅助逆变器并联在中压母线上，同时向全列车的中压负载供电。中压母线上设置接触器，将辅助逆变器隔开。在正常情况下，接触器处于闭合状态，所有辅助逆变器处于并联供电模式；在故障模式下，接触器可根据辅助逆变器的供电网络将中压母线分割成若干个供电区段，当某供电区段发生短路时，该故障区段内的车辆至少有一半三相负载能够正常工作。并网供电网络如图 3—10 所示。

2. 低压母线

辅助供电系统中的低压母线由电动列车上的蓄电池充电机供电，低压母线贯穿整个电动列车，为车上的蓄电池浮充电，同时为全列车的直流低压控制设备提供 DC110 V 电源。

城轨电动列车一般有两条低压母线，其中一条由蓄电池输出开关控制，又称永久母线；另一条由列车激活开关控制，又称非永久母线。直流低压母线供电网络如图 3—11 所示。

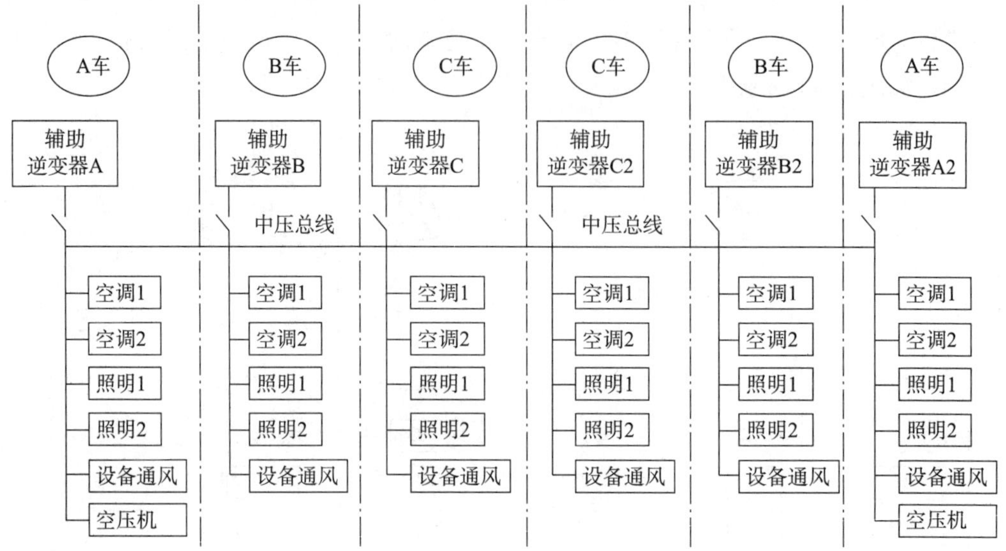

图 3—10　并网供电网络

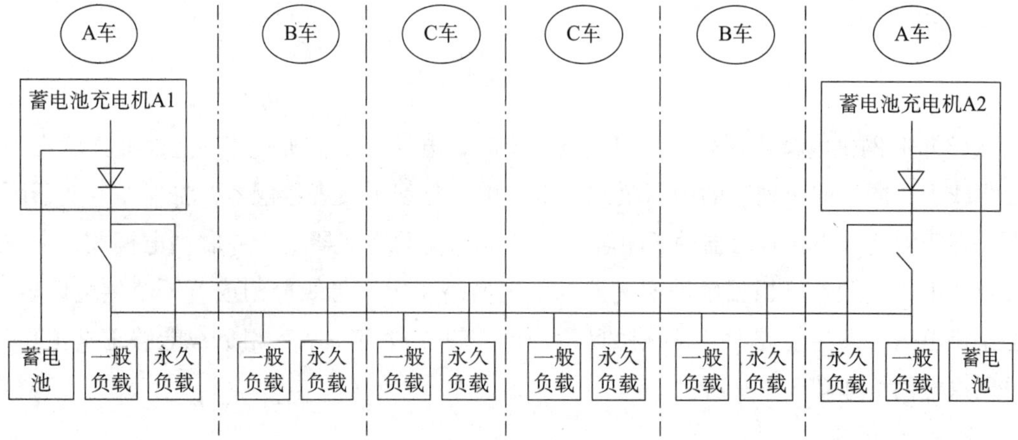

图 3—11　直流低压母线供电网络

在车下的低压控制箱内安装蓄电池欠压继电器，当检测到蓄电池两端电压低于 84 V 时，蓄电池欠压继电器的控制触点断开，切断非永久母线上的所有负载，减小放电电流，从而防止蓄电池过度放电而造成不可逆的失效。

蓄电池部件提供紧急电源，每个蓄电池设备以浮充电模式与一个蓄电池充电机相连，电动列车上的所有蓄电池通过二极管与负载反向隔离，在失去高压的情况下，给主要的直流负载、客室通风和紧急照明供电 45 min。

技能要求

检查主蓄电池液位、电压

操作准备

1. 电动列车处于收车状态。
2. 电动列车无其他故障。

操作要求

1. 打开I单元A车蓄电池箱，断开蓄电池组间连接线，拉出蓄电池。
2. 主蓄电池液位应在上下刻线之间，蓄电池单节电压应大于1.3 V并记录。
3. 正确将蓄电池复位，关上箱盖。
4. 所有作业必须严格按照实训安全规范操作。

操作步骤

检查主蓄电池液位、电压的流程为：一断——确定故障部件位置；二查——查看蓄电池液面；三测量——在蓄电池箱内测量蓄电池单体电压。

步骤1 确认电动列车处于收车状态（否则落弓，关闭主控制器钥匙，收车）。

步骤2 打开I单元A车蓄电池箱，断开蓄电池闸刀（见图3—12中“1”，图示为AC01/02车型，而AC03车型为BIS开关，即蓄电池分合开关）和负极保险（见图3—12中“2”）。

图3—12 蓄电池闸刀位置（AC01/02车型）

1—蓄电池闸刀 2—负极保险

步骤 3 打开蓄电池箱插销（见图 3—13），拉出蓄电池组（见图 3—14）。检查蓄电池箱的外观，检查底部及内部是否有漏液现象，通风孔及漏液孔应畅通无杂物。

图 3—13 打开蓄电池插销

图 3—14 拉出蓄电池组

步骤 4 查看蓄电池液面，如果液面过低需要加液。查看 AC01/02 车型的蓄电池液面时可摇动蓄电池组，正常液面必须在最大刻度线以上 5 mm 处，如图 3—15 所示；而查看 AC03 车型的蓄电池液面时可用液位测试管进行测量，液面高度应在电极板上 20 ~ 60 mm 之间，如图 3—16 所示。

图 3—15 AC01/02 车型的蓄电池液位查看方法

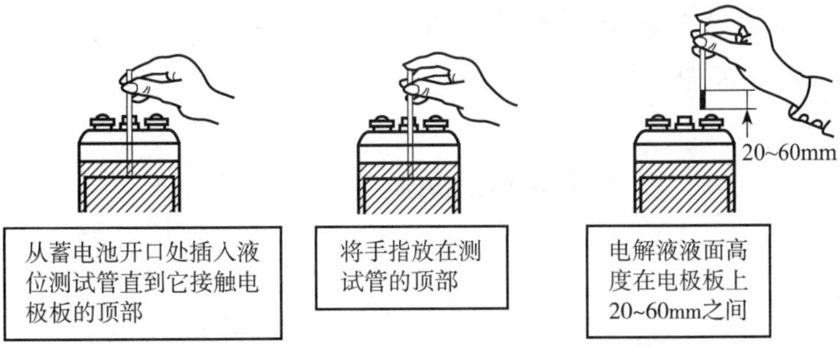

图 3—16　AC03 车型的蓄电池液面测量方法

步骤 5　在蓄电池箱内测量蓄电池单体电压，该电压正常值≥1.2 V，如图 3—17 所示。

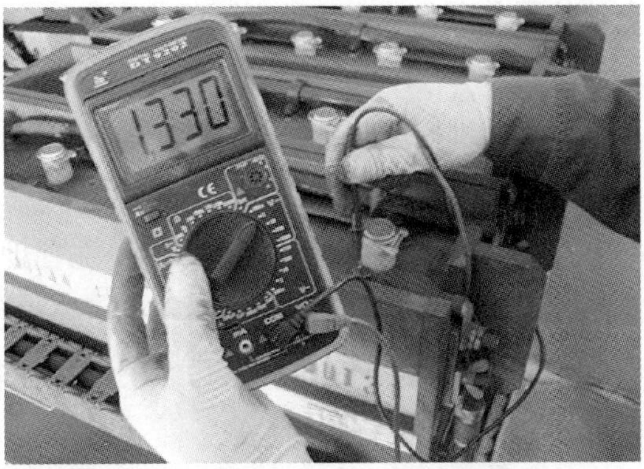

图 3—17　蓄电池单体电压值

步骤 6　测量蓄电池电压，该电压正常值≥100 V，如图 3—18 所示。

图 3—18　蓄电池电压值

步骤 7 复位负极保险及闸刀，关闭所有箱盖。

步骤 8 整理工器具清场，操作完成。

检查并更换辅助逆变器应急电池

操作准备

1. 电动列车处于收车状态。
2. 电动列车无其他故障。

操作要求

1. 工具选用恰当，无多余工具。
2. 正确找到应急电池位置并正确检查应急电池的状态。
3. 正确更换应急电池。
4. 所有作业必须严格按照实训安全规范操作。

操作步骤

检查并更换辅助逆变器应急电池的流程为：一找——在辅助逆变器箱内找到应急电池；二测——用万用表测量应急电池电压；三更换——更换应急电池。

步骤 1 确认电动列车处于收车状态（否则落弓，关闭主控制器钥匙，收车）。如果辅助逆变器有接地开关，则将该开关打到接地位。

步骤 2 用方孔钥匙打开拖车辅助逆变器箱箱盖。

步骤 3 在辅助逆变器箱内找到应急电池，如图 3—19 所示。

步骤 4 断开闸刀开关（AC03 车型为 FBSP 开关，即应急蓄电池分合开关），用万用表测量应急电池电压值，如图 3—20 所示。AC01/02 车型的正常电压值 >105 V，AC03 车型的正常电压值 >80 V。

步骤 5 如果电压过低，卸下安装螺钉，更换有故障的应急电池。

步骤 6 再次测量电压值，显示正常，如图 3—21 所示。

步骤 7 盖上盖板，拧紧安装螺钉，合上应急电池闸刀开关。

步骤 8 盖好辅助逆变器箱箱盖。

步骤 9 整理工器具清场，操作完成。

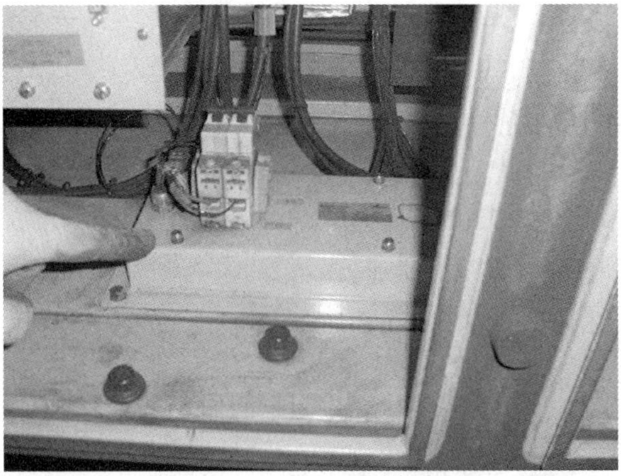

图 3—19 应急电池

图 3—20 用万用表测量应急电池电压值

图 3—21 更换应急电池后的电压测量值

3.2 辅助控制系统

学习目标

掌握电动列车辅助控制系统的原理

了解电动列车辅助控制系统设备的组成和功能

了解电动列车辅助控制系统设备与其他设备的接口

能够处理照明系统的简单故障

能够处理广播系统的简单故障

知识要求

3.2.1 照明系统

照明系统是指城轨电动列车完成正常运营全过程所必需的全部照明系统。该系统应包括电动列车运营全过程及检修过程所需的所有照明系统，如电动列车运营必需的外部照明系统、客室内部照明系统及电动列车操作过程中必需的工作照明系统。

按照城轨电动列车对照明功能的要求，照明系统分为正常照明和紧急照明两部分。正常照明是指城轨电动列车在供电接触网受流的情况下，由辅助逆变器提供全部照明电源的照明系统。紧急照明是指在辅助逆变器无法正常工作时，由蓄电池提供照明的照明系统。

客室内部照明有两路正常照明回路和一路紧急照明回路。客室内部照明控制开关位于司机室内，正常情况下，司机可以由受控司机室对正常照明和紧急照明的工作状态进行控制，照明接通的维持、断开不受控于主控制器钥匙。车辆在地面、隧道不同区间运行时，客室正常照明的自动通断控制功能（根据外界光照度控制，该功能可以关闭）可通过光传感器来检测外界光照度，从而自动调节客室照明亮度。

工作照明系统包括司机室照明和控制柜照明，司机室照明线路和控制柜照明线路独立于客室内部照明线路，并由蓄电池直接供电。司机室顶灯安装在司机室天花板上，每个司机室三盏。司机室内的开关控制司机室顶灯与阅读灯。

在 Tc 车（拖车）的 1 位端外部设有不同类型的灯，如图 3—22 所示，它们组合在一起表示电动列车的不同状态。这些灯包括具有2个强度级（暗和亮）的两个头灯、两个红色尾灯、两个白色运行灯及两个红色运行灯。

图 3—22　Tc 车外部照明和信号灯

1. 头灯

前端的头灯用于电动列车运营过程中前进方向的照明，供司机对前方路况及行车信息进行观察。

头灯位于每节 A 型车的 1 位端，采用卤素灯或更优的灯具，提供“远光”和“近光”照明。两盏头灯通常安装于电动列车前端端墙下方左右两侧对称的位置，分别装在带有可调嵌装玻璃的灯具中，该灯具允许进行水平和垂直方向的适当调节。在晴天、正常工作且无其他光源时，要求头灯在“亮”照明强度工况下，即在距离电动列车 215 m 处照度达到 1. 6 lx。这是因为当电动列车在最高时速（80 km/h）时，其紧急制动的正常制动距离为 180. 5 ~ 199. 5 m，这样 215 m 的照度距离保证司机在操作时，一旦发生异常情况能有效采取紧急制动措施，确保电动列车运营安全，避免对电动列车或阻挡物（人、设备等）造成损坏。

头灯模块应保证能方便地从车体外部更换灯泡。头灯防护等级为 IP65。

头灯具有方向调整功能，由一组附有弹簧的调整螺钉将其固定，调整时旋转调整螺钉，此时弹簧随动，以使反光罩保持所需的位置。调整螺钉孔与螺钉之间留有的间隙可使反光罩上、下、左、右调整 8°，光柱调整到预定位置即可。螺母具有自锁紧功能，调整螺钉不会因振动而自行松动。

2. 尾灯

尾灯的作用是可以确保本车被后续电动列车观察到。尾灯使用 LED（发光二极管）灯具，安装在每节 A 型车的 1 位端，尾灯的安装位置与头灯相邻，其形状大小与头灯类似，由蓄电池供电。

在晴天、正常工作并无其他光源时，要求在 215 m 处能见到尾灯亮，尾灯为红色。尾灯防护等级为 IP65。

3. 运行灯

城轨电动列车的运行灯是指用来显示电动列车运行状态的指示灯。红色运行灯亮表示本车为尾端或本车反向行驶。白色运行灯亮表示本车为电动列车前进方向或本车为主控制室端。

运行灯由两组不同颜色的非聚光灯组成，分别安装于电动列车前端、后端墙上近车顶的左右两侧，一般两组灯具的颜色分别为红色和白色。

（1）电动列车处于初始状态。利用“列车激活”开关激活电动列车，端部灯的初始状态自动实现。在此设置状态下，每端四个红色灯都变亮，即两个红色尾灯点亮，两个红色运行灯点亮。

（2）电动列车处于向前行驶状态。司机激活司机室，并将主控制器的方式（方向）手柄置于“向前”位置，激活端的头灯点亮，白色运行灯点亮；非激活端的头灯不亮，红色尾灯点亮，红色运行灯点亮。

（3）电动列车处于向后行驶状态。司机激活司机室，并将主控制器的方式（方向）手柄置于“向后”位置，激活端的头灯点亮，白色运行灯和红色运行灯都点亮，红色尾灯也点亮；非激活端的头灯亮，红色尾灯和红色、白色运行灯点亮。

在不同的操作条件下，头灯、尾灯、运行灯的显示情况见表3—1。

表3—1　　头灯、尾灯、运行灯的显示情况

操作条件	激活端	非激活端
蓄电池激活	头灯灭，尾灯亮，红色运行灯亮	头灯灭，尾灯亮，红色运行灯亮
钥匙激活，方向手柄在“ATC”位	头灯亮，尾灯灭，白色运行灯亮	头灯灭，尾灯亮，红色运行灯亮
钥匙激活，方向手柄在“向前”位	头灯亮，尾灯灭，白色运行灯亮	头灯灭，尾灯亮，红色运行灯亮
钥匙激活，方向手柄在“0”位	头灯亮，尾灯亮，红色、白色运行灯均亮	头灯灭，尾灯亮，红色运行灯亮
钥匙激活，方向手柄在“向后”位	头灯亮，尾灯亮，红色、白色运行灯均亮	头灯亮，尾灯亮，红色、白色运行灯均亮

3.2.2 乘客信息系统

现代城市轨道交通系统的运营管理越来越重视乘客服务质量的提升，乘客信息系统就是依托多媒体网络技术，以计算机技术为核心，以扬声器和车载显示终端为媒介向乘客提供信息服务的系统。

1. 数据总线和音频总线

乘客信息系统的设备通过数据总线和音频总线相连接，构成一个通信网络。

（1）数据总线。数据总线分为以太网总线和车辆内部总线，电动列车的广播系统使用以太网总线进行数据通信，采用旁路冗余接线方式实现冗余。以太网总线发送所有的功能数据，包括广播、对讲、媒体、监控等通信信息及音视频信息。乘客信息系统通过以太网总线收集设备的状态信息并通过 MVB（多功能车辆总线）发给 TCMS。客室内的乘客紧急报警装置通过以太网总线与客室控制机柜相连。而目的地显示屏、客室内部 LED 显示屏通过 CAN（控制器局域网络）总线与客室机柜相连，动态地图通过 RS232 信号与广播系统连接。

（2）音频总线。电动列车的广播系统通过一组音频线来备份、传输模拟音频信号。在数字广播完全失效的情况下，乘客信息系统通过司机室中央控制器、司机室广播控制盒连接到音频总线，仍然能够实现广播系统的自动广播功能及司机对客室的口播功能。

2. 乘客信息系统的子系统

乘客信息系统为乘客提供预报站及到站语音广播、紧急报警、站点信息显示、多媒体信息播放，为乘务人员提供广播对讲和视频监控，该系统主要由广播系统、媒体播放系统及视频监控系统三个子系统组成。上海某条线路车辆的乘客信息系统网络拓扑图如图 3—23 所示。

（1）广播系统。广播系统（PA）具有以下音频通信功能。

- 司机对客室广播。
- 两个司机室之间对讲。
- 乘客与司机紧急对讲。
- 紧急信息广播。
- 数字化报站广播。
- 关门提示音广播。
- LCD 伴音音频信号。
- 运营控制中心对客室广播。

广播系统同时具有以下信息显示功能（广播系统与 LED 信息显示同步）。

- 前端目的地显示。
- 车侧目的地显示。
- 客室内部信息显示。
- 动态地图显示。

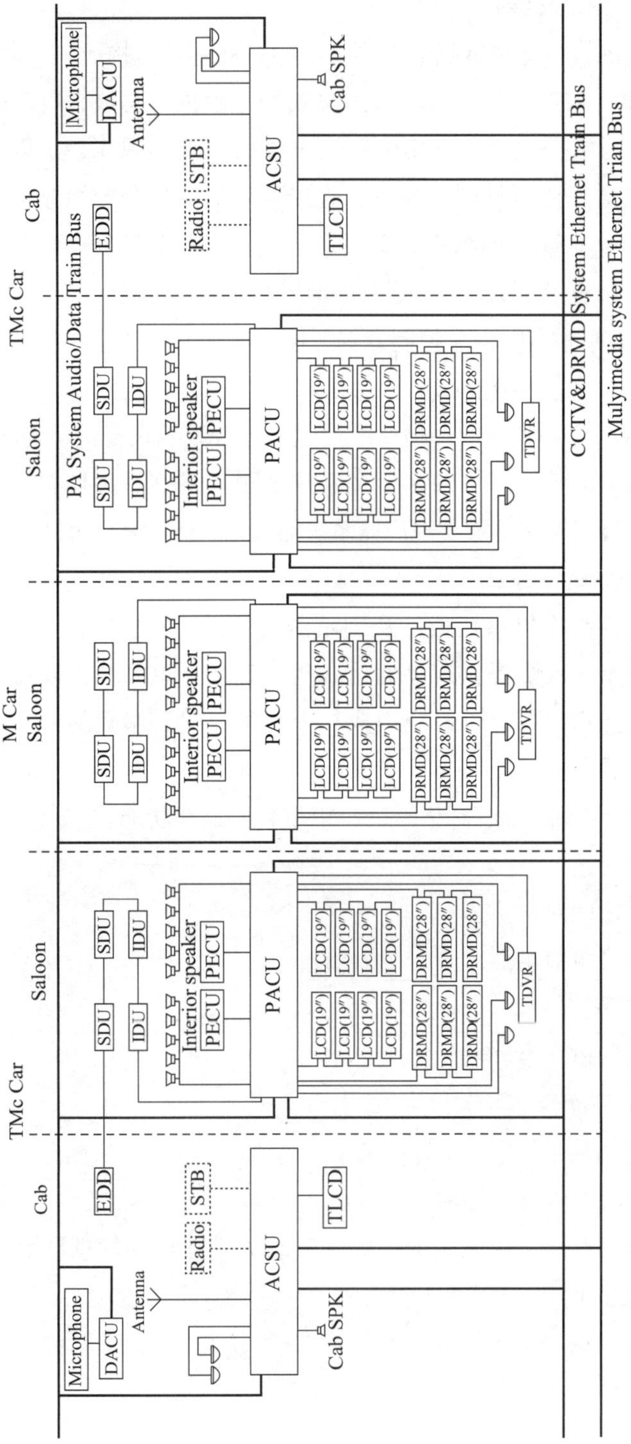

图 3—23　上海某条线路车辆的乘客信息系统网络拓扑图

广播系统提供司机八种可控的通信方式（即音频通信功能对应的通信方式），并提供乘客乘车时语音上的必要信息。优先级顺序可根据用户需要使用系统设置软件进行调整。八种通信方式的缺省优先级排列要求如下：在高级别的通信到来时，立即中断正在播送的低级别的通信，并进行高级别的通信。优先级别可以通过系统控制器端的软件进行修改。如果乘客紧急通信被较高级别通信打断，将其置于后台，可在高级别通信结束后重新自动恢复。

八种通信方式优先级从高到低依次是：运营控制中心对客室广播→司机与司机对讲→乘客与司机对讲→司机对客室广播→紧急信息广播→数字化报站广播→关门提示音广播→LCD 伴音音频信号。

（2）媒体播放系统。媒体播放系统的设备主要包括 LCD、媒体服务器、媒体控制器、视频编码器等。它给乘客提供高质量的视频信息和必要的乘客信息。

司机室安装一台媒体服务器，全列车的 LCD 由激活端多媒体服务器控制。媒体播放系统通过以太网总线进行媒体数字信息的传输。采用 MPEG4（网络视频图像压缩标准之一）编解码制式，数字传输的分辨率是 1 280 × 1 024，帧率是 30 帧/s。

媒体播放系统有三种工作模式：直播数字电视节目、录播已存储文件及选择播放任何一个摄像机画面。系统可以在这三种模式之间转换，可以通过驾驶台上 12″的 LCD 实现转换操作。

媒体播放系统的功能包括播放实时数字电视信息和本地存储信息，显示运营信息和紧急信息等，显示选定的摄像机画面等。

（3）视频监控系统。视频监控系统（CCTV）可以给司机室提供客室监控状况，同时实现与车门紧急解锁装置、乘客紧急报警装置、火灾报警系统的联动功能，并对监控录像进行存储。

各司机室安装一台彩色红外摄像机、一台数字录像机和一台 12″的 LCD。客室安装三台 300 万像素的 360°静态全方位摄像机。

视频监控系统的功能包括监控司机室和客室，与车门紧急解锁装置、乘客紧急报警装置、火灾报警系统联动，存储监控视频等。

3. 乘客信息系统的功能

乘客信息系统的功能上文已简单提到，下面将对部分功能进行详细介绍。

（1）广播系统的功能

1）司机对乘客广播。电动列车运营时，司机操作广播控制盒（或单击触摸屏）上的 PA 按钮，如果没有其他优先级更高的广播功能正在执行，司机对乘客广播功能被激活。

司机按下 PTT（按讲）按钮，司机的播报内容传送到客室扬声器和其他司机室扬声器，同时本地监听扬声器关闭，避免回音。

司机对客室广播可以通过以下任一条件终止：PTT 按钮被松开的时间达到 60 s；激活该功能的司机再次按下 PA 按钮；有优先级更高的广播功能被激活。

司机对乘客广播在两个司机室均可启动，按操作的时间先后确定优先级。

在电动列车重连时，通过车钩以太网总线和音频总线的连接，司机可以对所有客室进行广播。

2）乘客与司机紧急对讲。在客室出现紧急情况或突发事件时，乘客可按下设置在客室内紧急对讲装置上的按钮，并通过按钮旁的内藏式对讲装置与司机对话。乘客紧急对讲装置激活时，可以触发视频监控系统，将报警车厢的画面显示在司机室的显示屏上。

报警乘客的通话请求信息包括车厢编号、紧急对讲装置编号等自动显示在显示屏上。当有多路报警时，显示屏将显示所有的报警点，司机可选择任意报警点进行通话，还可一次性复位所有的紧急呼叫请求。

3）运营控制中心对客室广播。电动列车运营时，运营控制中心（OCC）可以通过客室扬声器对乘客广播。广播系统为无线电装置提供一组控制接口与一组音频接口，能够自动接收车载无线设备的控制激活信号，将从音频接口接收的音频信息通过广播系统对乘客广播。

4）紧急信息广播。当遇到紧急情况时，如发生火灾、严重故障等，司机可以通过 HMI（人机界面）上选择相应的紧急广播信息进行播报，广播控制单元将预先录制好的信息内容通过客室扬声器播放。同时，电动列车所有文字显示器上显示相应的紧急信息，司机通过监听扬声器可监听紧急信息的广播。

紧急信息广播的优先级高于数字化报站广播，可随时中断数字化报站广播，取消紧急广播后可自动返回数字化报站广播，无须重新设置路径和跳站。

紧急信息（预定义信息）的数量最多可达 150 条，循环次数为一次、多次、无限次，循环时间间隔可通过软件进行调节，显示及播报内容可由用户进行编辑。

5）数字化报站广播。广播系统提供普通话、英语两种语言的数字化语音报站功能，播报信息可以由 TCMS 自动触发，也可以通过 TCMS 的 HMI 手动触发。司机可通过操作 HMI 来激活和终止当前广播。同时，司机可以通过监听扬声器监听客室广播。

数字化报站采用 MP3（一种数字音频压缩格式）的语音格式，存储在广播控制单元的闪存中，通过音频线进行播放。广播系统提供 200 个车站、每站至少 60 s 的音频，总体能提供360 min的语音播报和内容显示。司机室主控制器提供以太网维护端口，通过维护软件可编辑和下载数据，方便用户操作。

站间广播分为三次：出站广播、进站广播、到站广播。

6）关门提示音广播。当广播系统接收到TCMS的关门信号时，开始播放关门提示音。

关门提示音采用MP3的语音格式，存储在广播控制单元的闪存中。闪存能够存储多种类型的提示音语音文件，其长短和类型可由用户选择、调整，播放次数和循环时间间隔由用户设置。

关门提示音的音量可通过触摸屏进行单独调节，并可根据环境噪声进行自动调整。

7）目的地信息显示。在司机室的前端各设一个目的地显示屏，在每节车厢两侧各设一个目的地显示屏，显示屏由本车厢的广播控制单元控制。

运营开始时，本车厢的广播控制单元通过RS485总线将显示内容发到本车厢的目的地显示屏上。广播控制单元不间断查询各个目的地显示屏的状态，并且将收集到的状态信息和故障信息发到TCMS。

8）客室内部信息显示。客室两端贯通道上方各安装一块显示屏，由本车厢的广播控制单元控制其显示内容，对超出屏幕显示数目的文字内容采用滚动显示模式，可根据需要在维护软件中选择移动、静止、展开、淡入、淡出等效果。广播控制单元不间断查询各个客室内部信息显示屏的状态，并且将收集到的状态信息和故障信息发到TCMS。

9）动态地图显示。客室内安装动态地图显示屏，动态地显示到站信息，其中全点阵显示屏可显示列车运行线路、运行方向和终点站、列车将要到达的下一站、换乘站和用于换乘的相应线路、客室车门打开侧指示等信息。

驶过的车站用红色点表示，前方到站用闪烁的黄色点表示，下一站以后的各站用绿色点表示，显示屏上每个点的显示方式可由用户通过软件进行编辑。

（2）媒体播放系统的功能

1）摄像机画面显示。可以通过触摸屏进行设置，将司机室或客室中的任意一台摄像机的画面播放到客室内的LCD上。

2）紧急信息播放。在电动列车遇到紧急情况时，司机通过HMI手动触发紧急信息，广播系统接收到该指令后通过媒体播放系统控制本车所有LCD全屏显示紧急预案处理信息，紧急预案处理信息需要预先存储在多媒体服务器的硬盘中。

3）运营信息显示。媒体服务器通过与广播系统的接口接收运营到站等信息，进行编码处理后在 LCD 上分区显示。站名显示与自动报站一起同步设定。显示的车站信息与广播系统存储的运营路线一致。

运营信息的显示内容和方式可由用户通过软件编辑。

4）媒体伴音播放。LCD 自带扬声器，播放视频时可以播放伴音，可以通过驾驶台触摸屏上的 LCD 播放界面调节音量大小和开关。司机对 LCD 音量所进行的所有操作由系统进行记录，并保存在操作日志中。

（3）视频监控系统的功能

1）图像采集传输。系统采用全数字网络化监控方案，通过交换机和网线构成电动列车以太网络，客室的数字录像机集成在客室车辆控制器中，通过以太网接口连接各个摄像机。

客室摄像机采集的图像经过编码处理后保存在司机室的监控硬盘上。各视频图像通过编码器编码为 MPEG4 格式，存储文件分辨率可达 704×576，为通用格式，可用通用播放器进行播放。同时，车厢号、图像摄取时间、摄像机编号、图像水印等信息一并写入视频图像数据。

摄像机采集的图像为高清晰度、低时延的稳定图像，在车厢内平均照度不小于 200 lx 的情况下，监视图像质量不低于《民用闭路监视电视系统工程技术规范》（GB 50198—2011）中规定的 4 级（图像上稍有可觉察的损伤或干扰），回放图像质量不低于标准中规定的 3 级（图像上有明显的损伤或干扰）。

2）视频图像显示。车厢的视频监视信息通过以太网实时发送到司机室监控触摸屏，司机可以通过触摸屏选择、查看各车厢的监控情况。另外，司机可以通过触摸屏或 PTU（便携式终端设备）更改其显示方式，如分屏显示各客室和司机室的视频图像。

司机通过视频监控屏选择指定的摄像头后，视频监控主机即调用所选择摄像机信号在触摸屏上显示，同时可以设置、选择指定的摄像头画面发送到客室内 LCD 上显示。

3）报警联动。视频监控系统具有联动功能。当有客室车门紧急解锁装置解锁、乘客紧急对讲装置激活、火灾报警等紧急事件发生时，视频监控主机在接收到对应的紧急事件触发信号后，自动在司机室监控触摸屏上显示对应位置的视频图像，并有声光报警提示。系统默认全屏显示紧急事件对应位置摄像机的视频图像，对应摄像机的图标变成红色，同时相应的叠加字符也变成红色进行警告、提示。如果存在多个紧急事件，则以轮巡的方式显示所有报警点所对应位置的视频监控图像。触发的乘客紧急对讲装置编号及所在的车厢编号同时显示在监控触摸屏上。

4）视频存储。司机室内的录像机采用大容量数字存储硬盘，所有摄像机采集25帧/s的图像，存储硬盘可连续存储360 h。当存储空间不足时（达到95%），数字录像机发出报警，并在监控触摸屏上显示报警信息，并启动覆盖机制，按照先进先出的方式自动覆盖最早录制的视频文件。

为方便系统维护，实现视频文件查询、回放、下载等功能，可对视频文件的命名规则、大小、存储机制进行规定。

3.2.3 ATC系统

城市轨道交通信号系统又称列车自动控制（Automatic Train Control）系统，简称ATC系统。它实现行车指挥和列车运行自动化，能最大限度地确保列车运行安全，提高运输效率，减轻运营人员的劳动强度，充分发挥城市轨道交通的运载能力。

ATC系统是指对列车运行全过程或一部分作业实现自动控制的设备总成，主要用于列车进路控制、列车间隔控制、指挥调度、信息管理、设备在线工况监测及维护管理。ATC系统是一个高效的综合自动化控制系统，其核心是列车自动监控（Automatic Train Supervision，ATS）子系统、列车自动防护（Automatic Train Protection，ATP）子系统、列车自动运行（Automatic Train Operation，ATO）子系统。

ATS子系统主要位于运营控制中心，主要实行监督工作，一般通过网络与列车进行通信并指挥列车安全运行。ATS子系统的信息通过轨旁的ATP设备传递给列车，车载ATP设备接收信息并对列车发出限速或超速防护的指令。ATP子系统主要具有防止列车超速和越过禁止信号机等功能。ATO子系统根据以上信息控制列车的运行、对位停车、开关车门等。

1. ATS子系统

ATS子系统由控制中心、车站、车场及车载设备组成。ATS子系统在ATP子系统的支持下完成对列车运行的自动监控，实现以下基本功能。

（1）通过ATS车站设备能够采集轨旁及车载ATP设备提供的轨道占用状态、进路状态、列车运行状态及信号设备故障等，控制和监督列车运行的基础信息。

（2）根据联锁表、计划运行图及列车位置自动生成、输出进路控制命令，传送至车站联锁设备，设置列车进路、控制列车停站时分。

（3）自动完成正线区段内列车识别号（服务号、目的地号、车体号）的跟踪，列车识别号可由ATS子系统自动生成或由调度员人工设定、修改，也可由列车经车地通信向 ATS 子系统发送识别号等信息。

（4）进行列车计划与实迹运行图的比较及计算机辅助调度，能根据列车运行的实际偏离情况自动生成调整计划供调度员参考或自动调整列车停站时分，以控制发车时间。

（5）在中央故障情况下进行降级处理，由调度员人工介入设置进路，对列车运行进行调整。由 ATS 车站完成自动进路，或根据列车识别号进行自动信号控制，再由车站进行人工进路控制。

（6）在计算机辅助下完成对列车基本运行图的编制及管理，并具有较强的人工介入能力。通过设在车辆段的终端向车辆段管理及行车人员提供必要的信息，以便编制车辆运用计划和行车计划。

（7）列车运行显示屏及调度台显示器能对轨道区段、道岔、信号机和在线运行列车等进行监视，能在行调工作站上给出设备故障报警及故障源提示。

（8）在中央专用设备上提供模拟和演示功能，用于培训及参观。

（9）自动进行运行报表统计，并根据要求进行显示打印。

（10）在车站控制模式下与计算机联锁设备结合，将部分或所有信号机置于自动模式状态。

（11）向无线通信、广播、旅客向导系统提供必要的信息。

2. ATP 子系统

（1）ATP 子系统的设备和功能。ATP 子系统由地面设备、车载设备组成，监督列车是否在安全速度下运行，确保列车一旦超过规定速度立即施行制动，主要实现以下功能。

1）自动连续地对列车位置进行检测，并向列车发送必要的速度、距离、线路条件等信息，以确定列车运行的最大安全速度。

2）确保列车进路正确及列车运行安全，如确保同一路径上不同列车之间具有足够的安全距离，以防止列车侧面冲撞等。

3）防止列车超速运行，保证列车速度不超过线路、道岔、车辆等规定的允许速度。在列车超速时提供常用制动或紧急制动，保证前行与后续列车之间的安全间隔。

4）为列车车门的开启提供安全、可靠的信息。

5）根据联锁设备提供的进路上轨道区间运行方向，确定相应轨道电路发码方向。

6）在任何车地通信中断、列车非预期移动（含退行）、列车完整性电路中断、列车超速（含临时限速）、车载设备故障等情况下均将进行安全性制动。

7）实现与ATS子系统的接口，进行有关信息的交换。

8）系统的自诊断、故障报警、记录。

9）记录和显示列车的实际速度、推荐速度、目标速度、目标距离等信息，具有人工或自动轮径磨耗补偿功能。

（2）ATP子系统的启动和切除

1）ATP子系统的启动。ATP子系统包括车载ATP子系统和轨旁ATP子系统。该子系统为实现安全运行，为保持安全的列车间隔，为使列车按结构限速运行而强制限速。车载ATP子系统和轨旁ATP子系统以相互联锁的方式工作，轨旁ATP子系统保证只在进路可以使用，并且道岔锁在正确位置时才能允许通过联锁区。ATP子系统在设备故障、列车速度超过区段速度限制及列车司机制动力施加不当等非安全情况下对列车实行速度防护。车载ATP子系统正确响应地面生成的ATP命令，保护列车，使列车避免发生由设备故障或司机失误所引起的不安全状态。车载ATP子系统的功能是机车信号的接收及译码、超速防护、制动保证、自动车门控制和无意识移动的保护。

车载ATP子系统的启动过程如下：当某节A车的主控制器被打开时，钥匙继电器22K01的常开触点43、33闭合，而后ATP启动继电器91K03的线圈得电，其常开触点13、14闭合；将方式（方向）手柄置于ATP位置，则自动驾驶转换继电器91K01线圈得电，其91K01常开触点43、44闭合，从而另一个自动驾驶转换继电器91K02线圈得电，此时车载ATP子系统得到启动信息，列车转入ATP驾驶状态。（轨旁ATP子系统一直工作，没有启动过程，也不能切除。除非信号系统发生故障时采用人工降级模式对列车的运行进行人工调度。）

2）ATP子系统的切除。ATP子系统为列车提供超速防护，如果ATP子系统被切除，列车属于无速度防护状态，完全由司机控制。通过断开接口电路，ATP子系统可以自动与列车实现电气隔离。

车载ATP子系统的切除过程如下：司机操作ATP切除开关91S01至“切除”位，ATP切除继电器91K05和91K06的线圈得电，此时91K06继电器的常闭触点5、9断开；车载ATP子系统会检测到这一状态，同时，91K06的常开触点6、11闭合；车载TCMS系统检测到ATP切除状态，判断出ATP已被切除（此时ATP切除指示灯被点亮）。

3. ATO子系统

ATO子系统是控制列车自动运行的系统，由车载设备和地面设备组成。在ATP子系统的保护下，ATO 子系统根据 ATS 子系统的指令实现列车运行的自动驾驶、速度自动调整、列车车门控制等，具体如下。

（1）自动完成对列车的启动、牵引、巡航、惰行和制动的控制，以较高的速度进行追踪运行和折返作业，确保达到设计间隔及旅行速度。

（2）在 ATS 监控范围的入口及各站停车区域（含折返线、停车线）进行车地通信，将列车有关信息传送至 ATS 子系统，以便于 ATS 子系统对在线列车进行监控。

（3）控制列车按照运行图运行，达到节能及自动调整列车运行的目的。

（4）自动驾驶时实现车站站台定点停车控制、舒适度控制及节能控制。

（5）根据停车站台的位置及停车精度对车门进行自动控制。

（6）与 ATS 和 ATP 结合，实现列车自动驾驶、有人或无人驾驶。

技能要求

检查并复位客室照明

操作准备

1. 电动列车处于得电状态。
2. 电动列车无其他故障。

操作要求

1. 故障判断正确。
2. 正确找到跳开的空气开关并复位。
3. 正确描述客室照明供电系统。
4. 所有作业必须严格按照实训安全规范操作。

操作步骤

检查并复位客室照明的流程为：一找——找到跳开的空气开关并复位；二述——正确描述客室照明供电系统；三复位——恢复空气开关，照明恢复正常。

步骤 1 打开主控制器钥匙，启车。

步骤 2 检查整个电动列车的照明系统，查找车上的照明故障。

步骤 3 打开故障车辆的设备柜，查看客室照明空气开关，如图 3—24、图 3—25 所示。

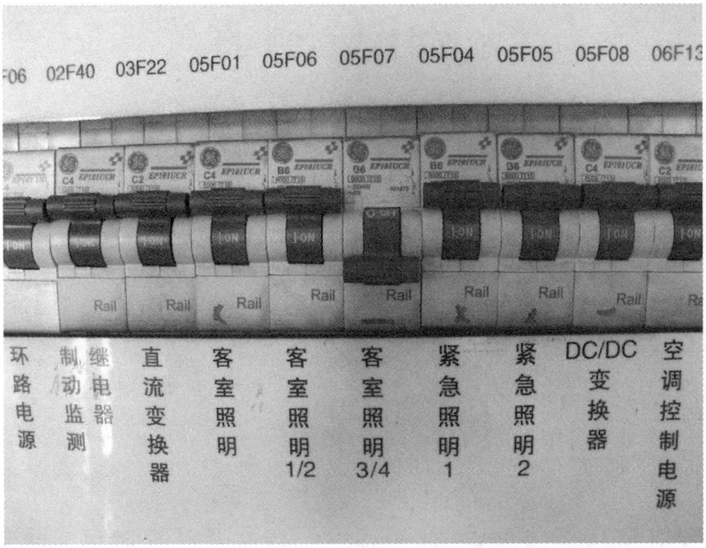

图 3—24 Tc 车客室照明空气开关

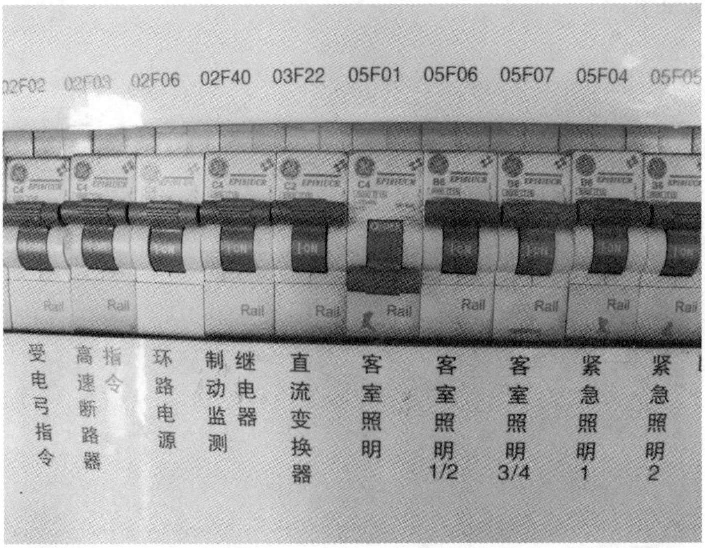

图 3—25 Mp 车客室照明空气开关

步骤 4 描述客室照明供电系统。

步骤 5 恢复空气开关，照明恢复正常。

步骤 6 关闭设备柜，关闭主控制器钥匙，收车。

步骤 7 整理工器具清场，操作完成。

检查并恢复客室广播

操作准备

1. 电动列车处于得电状态。
2. 电动列车无其他故障。

操作要求

1. 依次检查每节车厢的客室广播。
2. 找到故障广播并排除故障。
3. 所有作业必须严格按照实训安全规范操作。

操作步骤

检查并恢复客室广播的流程为：一查——查看音频控制单元是否有故障；二启——电气设备柜内的音频控制单元重新启动并进行自检；三恢复——重新进行广播，检查广播功能是否正常。

一、AC01/02 车型

步骤 1 打开主控制器钥匙，启车。

步骤 2 按下司机室显示器上的报站按钮进行自动广播时，无广播。

步骤 3 按下驾驶台上的 PA 按钮进行人工广播时，无广播。

步骤 4 打开电气设备柜，查看音频控制单元是否有故障，如图 3—26 所示。

图 3—26 查看音频控制单元

步骤 5 断开并合上司机室设备柜内的广播系统空气开关，如图 3—27 所示。

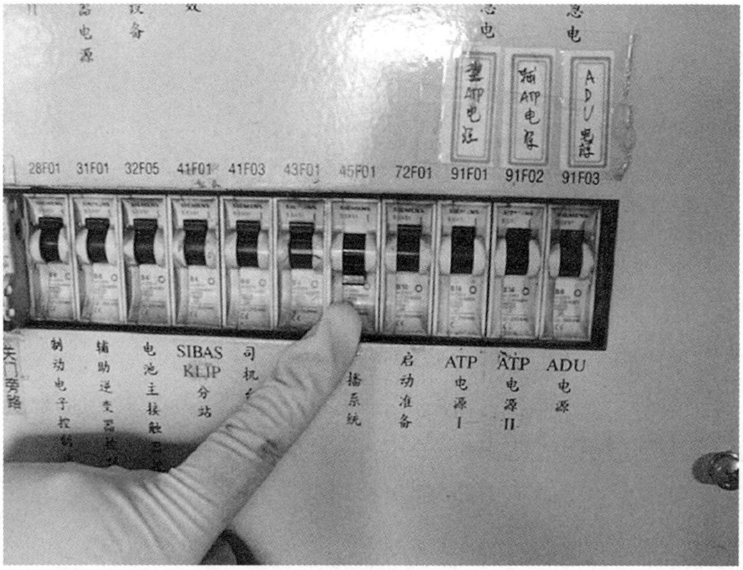

图 3—27 广播系统空气开关

步骤 6 电气设备柜内的音频控制单元重新启动并进行自检，查看广播指示灯。广播指示灯同时点亮，如图 3—28 所示。

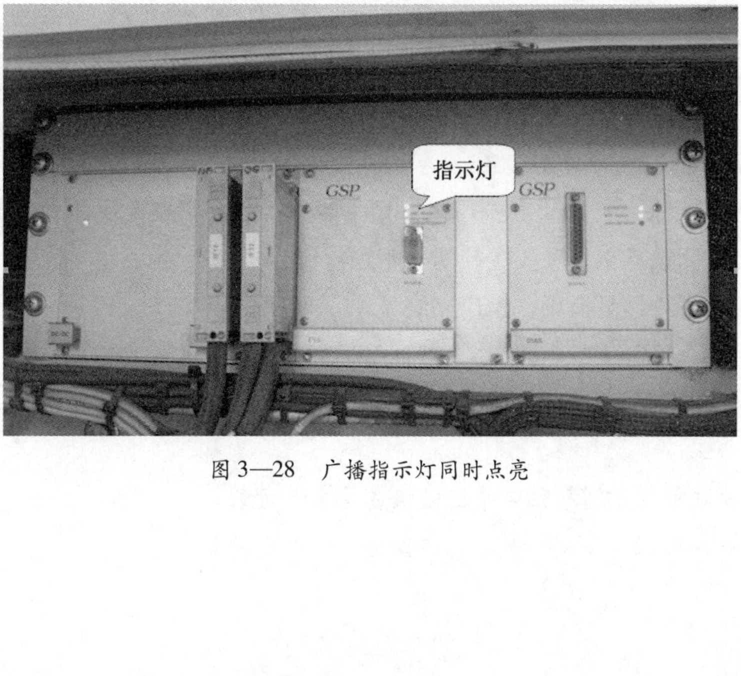

图 3—28 广播指示灯同时点亮

步骤 7 待指示灯显示正常时（即只有最上方的灯点亮），再次广播，客室广播正常。

步骤 8 关闭设备柜，关闭主控制器钥匙，收车。

步骤 9 整理工器具清场，操作完成。

二、AC03 车型

步骤 1 打开主控制器钥匙，启车。

步骤 2 查看司机室显示器上的事件与故障信息。

步骤 3 查看设备柜内的音频控制单元与相关电路图。

步骤 4 如果司机室设备柜中 APUCB（功率放大单元控制器）失电［参照综合线路图的第 2 张（共 7 张）］。

（1）司机室显示器上显示：音频通信单元故障位置 1。

（2）按下 ACUPB3（客室人工广播控制器，左起第四个），则上面对应 ACUI3 指示灯不亮，且客室内广播无任何声音。

（3）打开司机室内设备柜，复位 APUCB 即可。

（4）再测试，功能正常。

备注：复位开关后必须重新到司机室显示器面板上清除故障后测试功能。

步骤 5 如果客室内 APUCB 失电［参照综合线路图的第 3 张、第 4 张、第 5 张（共 7 张）］。

（1）司机室显示器上显示：功率放大单元故障，位置 1 或位置 2，……，位置 6。

（2）确认好位置后，通过触摸司机室显示器面板上的广播按钮进行客室广播，搭档学员到故障车厢听取是否有客室广播声（或监督老师帮忙听取）。

（3）打开故障车厢客室设备柜［参照综合线路图的第 3 张、第 4 张、第 5 张（共 7 张）］，发现 APUCB 落下，复位即可。

（4）再测试，功能正常。

备注：复位开关后必须重新到司机室显示器面板上清除故障并测试功能。

步骤 6 关闭设备柜，关闭主控制器钥匙，收车。

步骤 7 整理工器具清场，操作完成。

思考题

1. 请描述电动列车辅助供电系统的组成及主要负载。

2. 请描述电动列车辅助逆变器的内部结构和基本功能。

3. 请描述电动列车主蓄电池的组成形式、作用及特点。
4. 请描述辅助供电系统中压母线不同供电模式的特点。
5. 请描述电动列车照明系统的组成。
6. 请描述电动列车乘客信息系统的子系统及其作用。

理论知识考试模拟试卷及答案

城轨电动列车检修工（五级）理论知识试卷

注 意 事 项

1. 考试时间：90 min。
2. 请首先按要求在试卷的标封处填写您的姓名、准考证号和所在单位的名称。
3. 请仔细阅读各种题目的回答要求，在规定的位置填写您的答案。
4. 不要在试卷上乱写乱画，不要在标封区填写无关的内容。

	一	二	总 分
得 分			

得 分	
评分人	

一、判断题（第 1 题至第 35 题。请将判断结果填入括号中，正确的填“√”，错误的填“×”。每题 1 分，共 35 分。）

1. 高架上运行的车辆对车体的防火要求不严格。（ ）
2. 天花板中弧形翻板的开闭用方孔钥匙控制，便于客室车门等零部件的检修和安装。（ ）
3. 铝合金材质立柱及扶手的表面处理常用方法是阳极氧化。（ ）
4. 上海轨道交通电动列车的电动客室车门采用电动机驱动，车门电源电压为 DC110 V。（ ）
5. 为提高车门的安全性，客室车门在打开和关闭过程中都会进行障碍物检测。（ ）
6. 按牵引连挂装置的连接方法不同，车钩可分为自动车钩和半自动车钩。（ ）
7. 半永久车钩的机械、气路可实现自动连挂，但是电路连接需要人工手动操作。（ ）

8. 全自动车钩、半自动车钩、半永久车钩都在架修以上的作业中进行分解检修。（　）

9. 在正常运动条件下，转向架保证车体能可靠地坐落在转向架上，并通过轴承装置使车轮沿钢轨的滚动转化为车体沿线路运动的平动。（　）

10. 电动列车的拖车转向架和动车转向架可互换安装。（　）

11. 转向架车轮轮缘是保持车辆沿钢轨运行，防止脱轨的重要部分。（　）

12. 弹簧悬挂装置按其作用不同大体可分为弹簧装置、减振装置和定位装置。（　）

13. 构架不仅承受和传递各种作用力及载荷，而且它的结构形状和尺寸大小都应满足各零部件的结构、形状及组装要求。（　）

14. 上海轨道交通车辆的转向架齿轮箱多采用三级减速形式。（　）

15. 气压传动系统一般由气压发生装置、执行元件、控制元件和辅助元件组成。（　）

16. 气压传动系统使压缩空气具有一定的压力和足够的流量。（　）

17. 为减少制冷压缩机的摩擦功、摩擦热和零件的磨损，压缩机内应注有润滑油。（　）

18. 氨机使用的管路一般采用黄铜管。（　）

19. 上海轨道交通车辆空调机组中的节流装置采用热力膨胀阀。（　）

20. 电动列车客室空调装置由通风系统和空气冷却系统组成。（　）

21. 交流电动机工作时的功率实际上由有功功率和无功功率两部分组成。（　）

22. 电阻制动可以达到机械制动的水平，但不能完全让电动列车停止，在一定速度下，当交流牵引电动机无法产生能量时，制动电阻器也就失去了制动的作用，这时，电动列车需要机械制动来降低速度。（　）

23. 脉宽调制型逆变器输出电压的频率及幅值是可以调整的。（　）

24. 受电弓动特性决定于受流器在垂直方向的加速度及它活动部分的质量。（　）

25. 受电弓的升弓、降弓时间不一样。（　）

26. UR6 是一种单极直流线路断路器。（　）

27. 高速断路器的特性曲线给出了电压、电流变化的波形。（　）

28. 逆变器的散热器基本可分为整体式散热器和热管散热器两种。（　）

29. 城轨车辆的逆变器通常安装在车底，受体积、质量的限制而采用模块设计，即将同一桥臂上的元件或整个逆变器安装在一个模块上，用一个公共的大散热器散热。（　）

30. 由主控制器的主手柄给出制动指令，同时也给出对制动电流的要求，即有一个基准值的指令。（　　）

31. 司机控制手柄和模式选择开关之间的机械联锁是为了防止司机控制手柄不在牵引位时，移动模式选择开关。（　　）

32. 由受电弓将线网 1 900 V 的电流接入主回路。（　　）

33. 每节车厢的辅助逆变器处于并联工作状态，这样，即使只有一个受电弓工作，所有辅助逆变器都能正常工作。（　　）

34. 上海轨道交通电动列车空调系统中的冷凝风机是单相电动机。（　　）

35. 当电动列车空调系统处于应急通风状态时，通风电动机由主蓄电池供电。（　　）

得　分	
评分人	

二、单项选择题（第 1 题至第 65 题。请选择一个正确的答案，将相应的字母填入题内的括号中。每题 1 分，共 65 分。）

1. 城市轨道交通高架线路普遍采用（　　）道床。

A. 碎石　　B. 混凝土　　C. 整体　　D. 混凝土整体

2. 使用橡胶车轮的电动列车因回流电流不能经行走轨流回变电站整流器负极，只能采用增加一个回流轨的（　　）受电方式。

A. 架空线　　B. 三轨　　C. 四轨　　D. 集中

3. 在 ATO 模式下，司机的任务不包括（　　）。

A. 到站开启列车门　　B. 到点关闭列车门

C. 按压“出发按钮”　　D. 手动驾驶

4.（　　）可对乘客进行广播，通知列车到站、列车离站、线路换乘、时间表变更、列车误点、安全状况等信息。

A. 对讲系统　　B. 广播系统　　C. 无线系统　　D. 可视系统

5. 电动列车前端设有（　　），可承受冲击力，并起到车辆之间防爬的作用。

A. 紧急疏散门　　B. 司机室　　C. 防爬装置　　D. 全自动车钩

6. 当电动列车在隧道内遇到险情时，乘客可通过（　　）进行紧急疏散。

A. 客室玻璃　　B. 客室车门　　C. 紧集疏散门　　D. 贯通道

7. 应急通风窗采用楣窗结构，上部车窗开启时可向内旋转（　　）。

A. 45°　　B. 30°　　C. 60°　　D. 90°

8. 司机室座椅可前后移动，调整范围为（　　）mm。

A. 70　　B. 80　　C. 60　　D. 65

9. 下列有关塞拉门的描述正确的是（　　）。

A. 塞拉门的运动轨迹始终位于侧墙的外侧

B. 塞拉门的运动轨迹始终位于侧墙的内侧

C. 塞拉门的运动轨迹始终位于外墙板与内饰板之间的夹层内

D. 塞拉门在开启状态时车门贴靠在侧墙的外侧，在关闭状态时车门外表面与车体外墙呈一平面

10. 为便于调整门叶相对于车体的平行度，（　　）的门叶安装采用简单的“螺栓与螺母”装置，即门叶直接用螺栓和螺母固定在滑块上。

A. 内藏对开式双滑门　　B. 外挂式移门

C. 塞拉门　　D. 外摆式车门

11. 在司机室两侧墙上各有一扇单叶的内藏式滑动移门，以供司机上、下车。该门采用（　　）。

A. 手动开关　　B. 自动开关

C. 手动和自动开关　　D. 半自动开关

12. 在气动客室车门中，传递门叶开启和关闭控制信息的限位开关是（　　）。

A. S1　　B. S2　　C. S3　　D. S4

13. 下列有关塞拉门的描述错误的是（　　）。

A. 电动式塞拉门由门叶、驱动装置、传动装置、电子门控制单元组成

B. 塞拉门与内藏门的工作状态相同

C. 塞拉门的承载采用导向杆和携门架形式

D. 塞拉门外摆动作由顶部导轨及底部滚轮摆臂来实现

14. （　　）属于城轨车辆普遍使用的可再生缓冲装置。

A. 钢摩擦弹簧缓冲装置　　B. 压溃管缓冲装置

C. 液压缓冲装置　　D. 气液缓冲装置

15. 当车辆在（　　）进行连挂时，必须将对中装置关闭，否则无法进行连挂。

A. 牵引状态下　　B. 制动状态下　　C. 正线上　　D. 弯道上

16. （　　）采用过载保护螺栓的形式，将车钩缓冲装置安装在车体上。

A. 钩头　　B. 缓冲装置　　C. 对中装置　　D. 钩尾冲击座

17. 钩尾冲击座采用鼓形套筒来避免超过许用载荷（　　）kN 的载荷加载到车体上。

A. 500　　B. 580　　C. 800　　D. 850

18. 一般而言，动车转向架上安装的制动装置有（　　）。

A. 不带停车制动的单元制动机　　B. 带停车制动的单元制动机

C. 踏面制动单元制动机　　D. 以上都有

19. 在制动时，车轮在钢轨上连滚带滑的状态称为（　　）状态。

A. 滚动　　B. 滑行　　C. 黏着　　D. 惰行

20. 将控制手柄置于制动位时至电动列车完全停止，电动列车所走的这段距离称为（　　）。

A. 有效制动距离　　B. 空走距离　　C. 制动距离　　D. 无效制动距离

21. 防滑系统可以最佳地利用黏着状态以获得（　　）。

A. 最大的制动力　　B. 最短的制动距离

C. 最好的制动率　　D. 最佳的制动效果

22. 气制动控制单元接收制动电子控制单元的制动指令，然后再指示（　　）动作。

A. 单元制动机　　B. 制动装置

C. 制动控制部件　　D. 制动执行部件

23. 制动电子控制单元将主控制器和基准值发生器产生的（　　）信号转换成一系列相对应的制动等级信号。

A. 数字　　B. 模拟　　C. 脉宽调制　　D. 频率

24. 城轨电动列车的空调装置一般采用（　　）。

A. 蒸气压缩式制冷机　　B. 蒸气喷射式制冷机

C. 吸收式制冷机　　D. 吸附式制冷机

25. 上海轨道交通车辆多采用（　　）空调装置。

A. 集中式　　B. 分散式　　C. 单一式　　D. 多元式

26. 电动列车空调启动时采用（　　）方式。

A. 同时启动　　B. 逐节车厢启动　　C. 随机启动　　D. 顺序启动

27. 在直－交传动系统中，供电系统由一个线路接触器、两个预充电电阻器、一个预充电接触器和一个（　　）组成。

A. 降压电阻晶闸管　　B. 线路电感器

C. 电阻制动晶闸管　　D. 线路电容器

28. 在直－交传动装置中，直流连接电路的电容器能稳定电压，吸收交流分量，并和（　　）组成线路滤波器。

A. 线路整流器　　B. 线路电抗器
C. 充电电阻器　　D. 供电系统

29. 在直－交传动装置中，交流电动机的有功功率 P 的计算公式为（　　）。

A. $S\times\sin\varphi$　　B. $S\times\cos\varphi$　　C. $1.732UI$　　D. UI

30. 需要由电容器为交流牵引电动机提供的功率称为（　　）。

A. 有功功率　　B. 无功功率　　C. 有效功率　　D. 其余都不对

31. 当电压升高时，避雷器电阻值（　　），以吸收过电压产生的能量。

A. 升高　　B. 降低
C. 不变　　D. 先降低后升高

32. 在电制动时，由牵引电动机产生的制动能量可通过（　　）两种途径消耗。

A. 电阻制动、气制动　　B. 再生制动、气制动
C. 再生制动、常用制动　　D. 再生制动、电阻制动

33. 一个逆变单元由六个开关型半导体元件组成，一般采用 GTO 或 IGBT 作为开关型半导体元件。每个 GTO 或 IGBT 两端（　　）一个续流二极管，用来维持电动机电流的连续。

A. 桥接　　B. 串联　　C. 并联　　D. 其余都不对

34. 制动控制是周期性的，这样可以保证（　　）连接电路的稳定。

A. 电子　　B. 电气　　C. 交流　　D. 直流

35. 一般制动电阻器电阻带所用的材料为（　　）。

A. 铜　　B. 铝　　C. 镍铬合金　　D. 碳膜

36. 牵引传动装置由交流牵引电动机、齿轮箱、（　　）等组成。

A. 抗侧滚扭杆　　B. 减振器　　C. 联轴器　　D. 高度阀

37. 电动机速度传感器为（　　）装置。

A. 电感　　B. 电磁　　C. 逆效应　　D. 电流

38. （　　）是熔断器的主要组成部分。

A. 底座　　B. 支持件　　C. 触点　　D. 熔体

39. 熔断器是一种（　　）保护电器。

A. 过电压　　B. 过电流　　C. 电感　　D. 磁感

40. 应用于轨道交通车辆上的司机控制器在确定运行方向之后，如果再将主手柄推

向牵引位，那么主手柄发出指令，经（　　）后，传给牵引控制单元和制动电子控制单元。

A. 电流调制　　B. 电压调制　　C. 脉宽调制　　D. 模拟调制

41. 司机室显示器安装在每个司机室的驾驶台上，通过（　　）获取各个子系统的状态及故障信息，为司机和维修人员提供人机接口。

A. 继电器　　B. 接触器　　C. 硬连线　　D. 列车控制网络

42. 继电器是具有（　　）功能的自动开关元件。

A. 隔离　　B. 通信　　C. 自动控制　　D. 遥控

43. 辅助逆变器的主要负载是空调、（　　）、通风冷却设备、电子电气装置、蓄电池等。

A. 牵引装置　　B. 电制动　　C. 客室照明　　D. 空气发生装置

44. 电动列车（　　）主要为除牵引以外的所有用电系统供电。

A. 主回路　　B. 电制动　　C. 照明　　D. 辅助逆变器

45. 辅助系统供电网络主要由（　　）、蓄电池、中压母线、低压母线、控制器、断路器、继电器、接触器等组成。

A. 辅助逆变器　　B. 牵引逆变器　　C. 照明　　D. 通风

46. 在线网电压小于 DC1 100 V 情况下，为了避免辅助逆变器在不正常情况下工作，此时辅助逆变器将停止工作；如果线网电压上升至大于 DC1 100 V 并持续（　　）s 以上时，辅助逆变器重新启动工作。

A. 1　　B. 2　　C. 3　　D. 4

47. 城轨电动列车辅助逆变器额定的工作电压为 DC1 500 V，当线网电压在 DC1 100 ~（　　）V 之间波动时，辅助逆变器均能正常工作。

A. 1 600　　B. 1 700　　C. 1 800　　D. 1 900

48. 单体镍镉蓄电池的额定电压为（　　）V。

A. 1.0　　B. 1.1　　C. 1.2　　D. 1.9

49. 主蓄电池的额定电压为（　　）V。

A. 1.2　　B. 77　　C. 100　　D. 220

50. 电动列车上用的主蓄电池为（　　）。

A. 镍镉蓄电池　　B. 铅酸蓄电池　　C. 镍氢蓄电池　　D. 锂蓄电池

51. 镍镉蓄电池充电时液位会（　　）。

A. 升高　　B. 下降　　C. 不变　　D. 其余都不对

52.（　　）只有在受电弓落弓条件下，才能接通负载而得电。

A. 辅逆　　B. 主逆　　C. 车间外接电源　　D. 蓄电池

53. 当一个（　　）网络发生故障时，由它提供电源的一些重要交流负载会自动切换至另一交流网络，保证这些交流负载能继续工作（如牵引箱的通风冷却风机等）。

A. 交流　　B. 低压　　C. 直流　　D. 高压

54. 低压母线的电压为（　　）V。

A. AC110　　B. DC110　　C. DC220　　D. AC380

55.（　　）是低压母线的负载。

A. 电子控制设备　　B. 辅逆风机　　C. 主逆风机　　D. 空调

56. 上海轨道交通 4 号线采用西门子车型，在逃生斜坡解锁时，司机室照明能够自动（　　）。

A. 点亮　　B. 熄灭　　C. 闪烁　　D. 其余都不对

57. 启动电动列车后，目的地灯（　　）。

A. 点亮　　B. 熄灭　　C. 闪烁　　D. 其余都不对

58. 客室照明回路分为（　　）。

A. 一路　　B. 两路　　C. 三路　　D. 四路

59. 当解钩风管始终处于连通状态时，可由司机操纵（　　）控制管路的通、断，以达到自动连挂或解钩的目的。

A. 电磁阀　　B. 主蓄电池　　C. 应急电池　　D. 对中装置

60. 车辆运行时，一旦（　　）中断，将施加紧急制动。

A. 车钩监控回路　　B. 列车信息回路　　C. 音频控制回路　　D. 视频监控系统

61. 当电动列车车速大于零时，开门继电器线圈（　　）。

A. 得电　　B. 失电　　C. 持续得电　　D. 其余都不对

62. 车门关门力矩（　　）。

A. 可以调节　　B. 不可以调节　　C. 没有限制　　D. 其余都不对

63. ATP 子系统的电源电压通常是（　　）V。

A. DC110　　B. AC220　　C. AC380　　D. DC1 900

64. ATP 子系统用于确保列车运行的安全。它强制规定列车运行的（　　）极限。

A. 电压　　B. 电流　　C. 速度　　D. 其余都不对

65. 完整的 ATP 子系统拥有（　　）套 ATP 装置。

A. 一　　B. 两　　C. 三　　D. 四

城轨电动列车检修工（五级）理论知识试卷答案

一、判断题

1. × 2. √ 3. √ 4. √ 5. √ 6. × 7. × 8. × 9. √
10. × 11. √ 12. √ 13. √ 14. × 15. √ 16. √ 17. √ 18. ×
19. √ 20. × 21. √ 22. √ 23. √ 24. √ 25. × 26. √ 27. √
28. × 29. √ 30. √ 31. × 32. √ 33. √ 34. × 35. √

二、单项选择题

1. D 2. C 3. D 4. B 5. C 6. C 7. A 8. B 9. D 10. B
11. A 12. B 13. B 14. B 15. D 16. D 17. C 18. D 19. C 20. C
21. B 22. D 23. C 24. A 25. B 26. D 27. B 28. B 29. B 30. B
31. B 32. D 33. C 34. D 35. C 36. C 37. B 38. D 39. B 40. C
41. D 42. A 43. C 44. D 45. A 46. C 47. C 48. C 49. C 50. A
51. A 52. C 53. A 54. B 55. A 56. A 57. A 58. C 59. A 60. A
61. B 62. A 63. A 64. C 65. B

操作技能考核模拟试卷

注 意 事 项

1. 考生根据操作技能考核通知单所列的试题做好考试准备。

2. 请考生仔细阅读试题单中具体考核内容和要求，并按要求完成操作。

3. 操作技能考核时要遵守考场纪律，服从考场管理人员指挥，以保证考核安全顺利进行。

注：操作技能鉴定试题评分表及答案是考评员对考生考核过程及考核结果的评分记录表，也是评分依据。

城轨电动列车检修工（五级）操作技能考核通知单

姓名：

准考证号：

考核日期：

试题 1

试题代码：1. 1. 3。

试题名称：电动列车客室车门的切除和复位。

考核时间：20 min。

配分：40 分。

试题 2

试题代码：2. 1. 5。

试题名称：检查并清洁预充电接触器灭弧罩。

考核时间：20 min。

配分：30 分。

试题 3

试题代码：3.2.2。

试题名称：I 单元 A（Tc）车单个照明故障排除。

考核时间：20 min。

配分：30 分。

城轨电动列车检修工（五级）操作技能鉴定试题单

试题代码：1.1.3。

试题名称：电动列车客室车门的切除和复位。

考核时间：20 min。

1. 操作条件

（1）一扇车门未关闭到位，关好限位开关未触发。

（2）现场配备所需工具。

2. 操作内容

正确对客室车门进行切除，并判断是否切除成功；复位被切除的客室车门。

3. 操作要求

（1）故障处理完毕后，客室车门应处于完好状态。

（2）将故障车门调整到正常状态，不能影响其他系统的正常功能。

（3）正确使用工具。

（4）考生按规定着装，违反作业安全规定、不文明操作或造成他人受伤者取消考试资格。

城轨电动列车检修工（五级）操作技能鉴定试题评分表

考生姓名： 准考证号：

试题代码及名称		1.1.3 电动列车客室车门的切除和复位		考核时间					20 min
评价要素		配分（分）	等级	评分细则	评分等级				得分（分）
					A	B	C	D	E	
1	切除情况	15	A	完全正确						
			B	漏做一个步骤						
			C	漏做两个步骤						
			D	操作方法错误						
			E	未答题						
2	复位情况	15	A	完全正确						
			B	漏做一个步骤						
			C	漏做两个步骤						
			D	操作方法错误						
			E	未答题						
3	使用工具	5	A	完全正确						
			B	操作有一次错误						
			C	—						
			D	操作有两次错误						
			E	未答题						
4	文明安全规范操作	5	A	按规定着装，遵守作业安全规定						
			B	—						
			C	未按规定着装，遵守作业安全规定						
			D	违反作业安全规定						
			E	未答题						
合计配分		40	合计得分							

考评员（签名）：

等级	A（优）	B（良）	C（及格）	D（差）	E（未答题）
比值	1.0	0.8	0.6	0.2	0

“评价要素”得分＝配分×等级比值。

城轨电动列车检修工（五级）操作技能鉴定试题单

试题代码：2.1.5。

试题名称：检查并清洁预充电接触器灭弧罩。

考核时间：20 min。

1. 操作条件

（1）电动列车处于无电状态。

（2）接触网无电且接地棒挂接完好。

（3）现场配备所需工具。

2. 操作内容

检查并清洁预充电接触器灭弧罩。

3. 操作要求

（1）清洁后的预充电灭弧罩外部干净。

（2）清洁后的预充电灭弧罩内部无氧化金属粉末，无可致灭弧失败的粉尘。

（3）正确使用工具。

（4）考试人员按规定着装，违反作业安全规定、不文明操作或造成他人伤害者取消考试资格。

城轨电动列车检修工（五级）操作技能鉴定试题评分表

考生姓名：　　　　　　　　　　准考证号：

试题代码及名称		2.1.5　检查并清洁预充电接触器灭弧罩		考核时间					20 min
评价要素	配分（分）	等级	评分细则	评分等级					得分（分）
				A	B	C	D	E	
1 工具选择	5	A	能够选择正确的工具						
		B	选择工具正确但使用方法欠佳						
		C	—						
		D	选择工具不正确						
		E	未答题						
2 清洁灭弧罩	15	A	拆卸、安装合理且灭弧罩达到清洁要求						
		B	拆卸、安装不合理，但灭弧罩达到清洁要求						
		C	拆卸、安装合理，但灭弧罩未达到清洁要求						
		D	拆卸、安装不合理且灭弧罩未达到清洁要求						
		E	未答题						
3 工具清场	5	A	工具清场，放置在合适的区域						
		B	工具清场，但未放置在合适的区域						
		C	部分工具未清场						
		D	—						
		E	未答题						
4 文明安全规范操作	5	A	按规定着装，遵守作业安全规定						
		B	—						
		C	未按规定着装，遵守作业安全规定						
		D	违反作业安全规定						
		E	未答题						
合计配分	30		合计得分						

考评员（签名）：

等级	A（优）	B（良）	C（及格）	D（差）	E（未答题）
比值	1.0	0.8	0.6	0.2	0

“评价要素”得分 = 配分 × 等级比值。

城轨电动列车检修工（五级）操作技能鉴定试题单

试题代码：3. 2. 2。

试题名称：I 单元 A（Tc）车单个照明故障排除。

考核时间：20 min。

1. 操作条件

（1）电动列车为有电状态。

（2）现场配备所需工具。

2. 操作内容

（1）查找并分析故障原因。

（2）排除故障。

3. 操作要求

（1）遇到故障要分析原因、指明故障位置并进行处理。

（2）排除故障时尽量使用常用电工工具如万用表等，不得使用其他电工工具。

（3）故障分析、判断不正确或不能排除均要扣分。

（4）检查时操作人员按规定着装，违反作业安全规定、不文明操作或造成他人伤害者取消考试资格。

（5）故障处理完毕后电动列车必须处于能安全运行的状态。

（6）操作完毕后，工具物品清场，无遗漏。

城轨电动列车检修工（五级）操作技能鉴定试题评分表

考生姓名：　　　　　　　　准考证号：

试题代码及名称		3. 2. 2　I 单元 A（Tc）车单个照明故障排除			考核时间					20 min
评价要素		配分（分）	等级	评分细则	评分等级					得分（分）
					A	B	C	D	E	
1	工具选择	3	A	工具选择恰当，无多余工具						
			B	工具选择较恰当，但有多余工具						
			C	工具选择较恰当，但有少量工具遗漏						
			D	工具选择不恰当						
			E	未答题						
2	查找故障	12	A	能找到故障点并正确分析故障						
			B	能检查相关部件，但不能找到故障点						
			C	能检查部分相关部件，不能找到故障点						
			D	不能检查相关部件，不能找到故障点						
			E	未答题						
3	排除故障	12	A	更换整流器的熔丝						
			B	更换整流器						
			C	—						
			D	不能排除故障						
			E	未答题						
4	文明安全规范操作	3	A	按规定着装，遵守作业安全规定						
			B	—						
			C	未按规定着装，遵守作业安全规定						
			D	违反作业安全规定						
			E	未答题						
合计配分		30	合计得分							

考评员（签名）：

等级	A（优）	B（良）	C（及格）	D（差）	E（未答题）
比值	1.0	0.8	0.6	0.2	0

“评价要素”得分 = 配分 × 等级比值。